金持ち定年、
貧乏定年

55歳から始める
得する準備と
手続きのすべて

ファイナンシャル・プランナー
長尾 義弘

税理士
社会保険労務士
中島 典子

実務教育出版

はじめに

いまから始める定年プロジェクト

55歳といえば、まだバリバリの現役。定年を迎えるのは5年後、10年後といった先の話になりますから、実感が湧かないかもしれません。

しかし、定年は着々と近づいてきます。「間際になったら、ちゃんと考えるよ」と悠長に構えていては、準備不足のままその日がやってきてしまいます。

定年に向けた準備は50代から始めておくことが大切です。定年で退職をすれば仕事はひと区切りつきますが、あなたの人生は終わりではありません。そこは第2の人生を踏み出す、新たなスタート地点だともいえます。

日本人の平均寿命は男性が80歳、女性が87歳です。

60歳からの平均余命を見ると、男性は23・67歳、女性は28・91歳となっています（厚生労働省　平成28年簡易生命表）。

仮に**65歳で退職したとして、その先にはおよそ20年の人生が待っている**わけです。

しかも、いまでは１００歳前後という長寿も珍しくありません。１００歳まで生きるなら、老後生活は35年です。なんと定年後も、人生の3分の1が残っている計算になります。どれほど長い時間を過ごすことになるか、おわかりいただけたでしょうか。

55歳は人生の折り返し地点です。ライフステージにおいて節目となる定年や、リタイアしたあとの生き方について考えるには、いいタイミングなのです。

とはいえ、定年すら現実味がないなかでは、なにをどう考えるのか戸惑ってしまう人も多いでしょう。

そこで、本書では定年を2段階に分けて見ていきたいと思います。

前半は定年前の現状分析と、定年後の資産計画です。

我が家の家計はどういう状況になっているのか。定年後の生活にはいくら必要なのか。定年後の収支のバランスは、そうした現状を把握するとともに、足りない老後資金の増やし方も提案します。

老後の生活設計は、このタイミングで始めておかないと手遅れになってしまいます。

一方、後半は定年1ヵ月前からの実務的な手続きを解説し、あわせてお得になる裏ワザなども紹介します。

定年のスケジュール①――55歳から定年まで

	55歳からの定年準備
全体的	●定年～老後まで長期的な視野に立って資金計画を立てる ●定年後の収入をチェック ●定年後の支出をチェック ●支出を見直し、定年後の負担を軽くする ●老後資金を増やす方法を検討・実行する ●退職金の有無、受け取り方を確認 ●退職金の使い道を考える
年金	●ねんきん定期便の内容を確認する（最新の年金記録は、ねんきんネットでも確認が可能） ●年金の見込み額、加入記録、支給開始の時期は必ずチェック ●加入記録に漏れや誤りがある場合は年金事務所に記録照会を申し出る ●59歳で封書のねんきん定期便が送られてくる
雇用保険	●定年後の働き方を考える（同じ会社に再雇用、別の会社に再就職、起業など） ●雇用保険に加入する働き方と加入しない働き方のメリット・デメリットを把握する ●失業等給付（いわゆる失業保険）について知る
税金	
健康保険	

定年1カ月前	退職時
●定年後はさまざまな手続きを自分で行うことになる。手続きに関わってくる役所や事務所の所在地・連絡先を確認しておく	●会社から支給されていた備品はすべて返却する。返却リストを作っておくと漏れがない
●年金手帳を確認する ●紛失した場合は年金事務所で再発行の手続きをする。内容に誤りがあれば事業主に変更を申し出る ●企業年金等の確認 ●確定拠出年金の受け取り方を検討する ●国民年金の任意加入を検討する	●会社が年金手帳を保管している場合は受け取る
●離職票をいつごろ受け取れるか会社に確認する ●雇用保険被保険者証の確認 ●雇用保険被保険者証を紛失した場合は会社に再交付を依頼する	●会社が雇用保険被保険者証を保管している場合は受け取る
●退職金にかかる税金や控除を把握する ●1年後の住民税について知る（退職する時期によっては半期分を自分で納めるケースもあり） ●退職所得の受給に関する申告書を会社に提出する	●未精算の立替などないか確認 ●最後の給与や退職金の振込日などを確認
●健康保険証のコピーを取っておく ●退職後にどの健康保険に加入するかを検討しておく（任意継続、国民健康保険、家族の扶養など）	●健康保険証を会社へ返却する ●退職と同時に現在の健康保険からは脱退

定年のスケジュール②——何歳まで働くのか

	定年2週間前後
全体的	●自分に必要な手続きの種類をチェックする。各自の状況によって種類は異なるので、漏れのないように ●それぞれの手続きについてスケジュールを確認し、期間内に手続きを行う
年金	●60歳未満で退職し、すぐに再就職しない場合は国民年金の種別を変更する（第2号被保険者から第1号被保険者へ） ●配偶者が60歳未満なら国民年金の種別を変更する（第3号被保険者から第1号被保険者へ） ●再就職して会社が変わったら、勤務先へ配偶者の第3号被保険者の届け出をする
雇用保険	●会社から離職票が送られてくる ●離職票をハローワークに提出し、求職の申し込みをする ●4週間に一度、ハローワークに出向き、失業の認定を受ける ●所定の給付日数まで基本手当を受給できる（再就職した時点で基本手当は打ち切り） ●求職活動を行う。基本手当をもらうためには最低でも2回の実績が必要
税金	●退職金の源泉徴収票、給与所得の源泉徴収票を受け取る ●退職所得の受給に関する申告書を提出していれば、とくに手続きは必要なし ●退職時に退職所得控除を受けなかった場合は、翌年に確定申告をする ●再就職しない人も、以後は自分で確定申告する
健康保険	●新たな健康保険への加入手続きをすませる。未加入だと医療費の全額が自己負担になるため、できるだけ速やかに行う ●任意継続、国民健康保険、家族の扶養など、加入する種類によって手続きの期限は異なるので要注意

60 ～ 65歳まで働く	65歳以降も働く
●老後資金の拡充を目指す ●老後に向けた保険の見直し ●今後に必要な保障を取捨選択し、浮いた保険料を老後資金に充てる	●介護について考える。親の介護だけでなく、自分が要介護になった場合も含めて ●相続に備える
●特別支給の老齢基礎年金がある人は受給手続きを行う ●繰上げ受給と繰下げ受給を検討。繰上げ受給をする場合は手続きを行う ●加給年金、振替加算の手続き ●70歳までは加入	●受給開始年齢に達する3ヵ月前に、年金請求書が送られてくるので裁定請求の手続きを行う ●繰下げ受給の手続きは66歳から ●基本的に70歳で加入は終了する ●老齢年金の受給資格を満たしていない場合は70歳以上も任意加入が可能
●基本手当の受給日数を3分の1以上残して就職したら再就職手当をもらう ●給料が大幅ダウンしたら高年齢雇用継続給付を申請する	●65歳以降も雇用保険加入対象
●会社に勤務していれば、基本的に手続きは必要なし。給与から天引きされる ●必要があるときは翌年に確定申告を行う（医療費控除、住宅ローン控除など）	●年金から天引きされる ●所得に応じて確定申告を行う（公的年金４００万円以下で、それ以外の収入が20万円以下なら確定申告は不要）
●再就職すれば、勤務先の健康保険に加入 ●任意継続にした人は2年後に資格を失効するので、新たな健康保険に加入し直す	●70歳で高齢受給者証が交付される（加入している健康保険は変更なし） ●75歳からはすべての人が後期高齢者医療制度へ移行する

金持ち定年、貧乏定年

目次

Step 2 定年1ヵ月前からの準備

Step 3 定年2週間前後の手続き

Step 4 60〜65歳まで働く場合

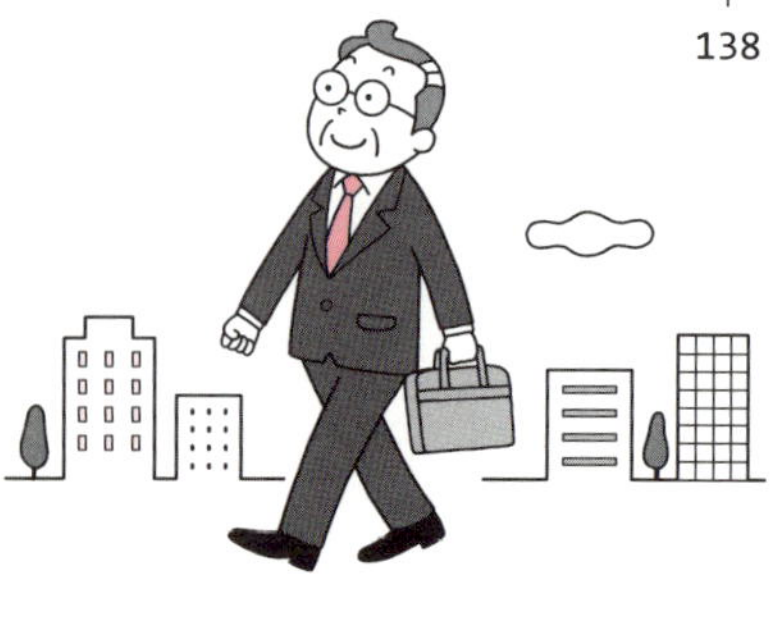

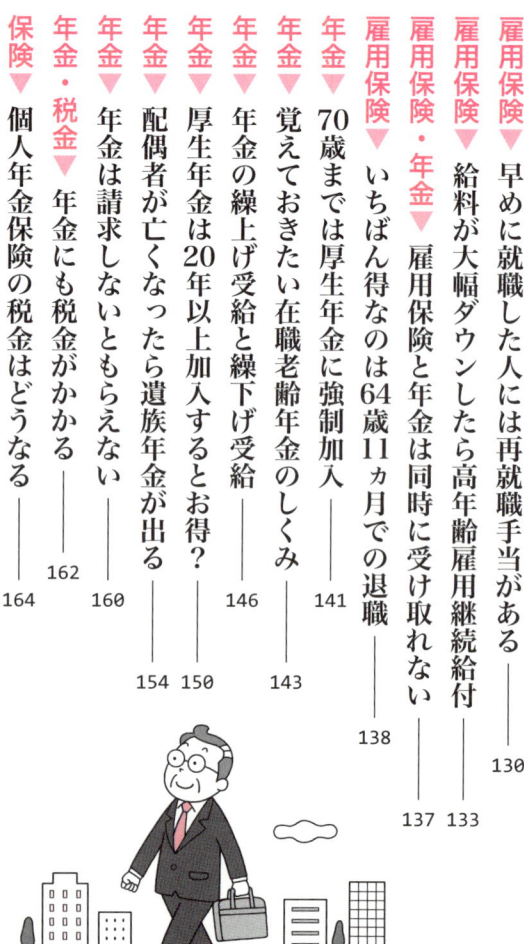

Step 5 65歳以降も働く場合

プロローグ――金持ち定年と貧乏定年のわかれ目

定年後のプランを思い描いたことがあるでしょうか。

60歳で完全にリタイアし、あとは悠々自適に暮らす。

心機一転、新たに起業して一国一城の主になる。

再雇用や再就職で、65歳までは働く。

65歳といわず、働けるだけ働く。

あなたの未来には、さまざまな選択肢があります。

しかし、定年を迎えてから「さて、今後はどうしよう」と考え出したのでは遅すぎます。

60歳以降の人生を成功させるかどうかは、それ以前に立てた入念な計画にかかっているといっても過言ではありません。

定年後の生活設計において、**「お金」**は重要なキーワードです。世知辛い話に聞こえるかもしれませんが、暮らしていく上でお金が欠かせないのも事実。これから先のお金を考えることによって、定年後のイメージがより具体的に、そして現実的になってきます。

手持ちの老後資金と年金などの収入で、働かなくてもある程度は大丈夫なのか。もう少し働いたほうがいいのか。それとも、無理をしてでも働けるだけ働くべきなのか。

大切なのは、経済的な側面から見えてくる方向性です。

老後資金に余裕がないとわかれば、再雇用や再就職といった選択も浮上するでしょう。

仮に生活費が300万円かかるとします。働かなければ、まるまる300万円が出ていくだけです。一方、働いて200万円の収入を得られたなら、支出は100万円ですみます。

3年間働いたとすると、家計の収支に600万円もの違いが出るわけです。この差は大きいですよね。60歳前より給料が下がったとしても、働くことで明らかに家計は助かることになるのです。

「せっかくのんびりできると思っていたのに……」と考えていた人には恐縮ですが、定年後にお金を増やすのはなかなか難しいといえます。老後資金が切羽つまってからでは対処法にも限りがあるのです。

近ごろは、**「老後破産」「下流老人」**などという言葉もよく耳にします。

長寿の時代とあって第二の人生を楽しむ時間が増えるのは嬉しい反面、長生きする分お金も必要になります。高齢者の生活苦は、いまや深刻な社会問題の1つです。

老後破産を引き起こす原因としては、次のようなものがあげられます。

・中高年からの思わぬ収入の減少
・医療費がかさみ、蓄えがなくなった
・金銭感覚を変えられず、収入に見合わない生活をした
・子どもが面倒を見てくれなかった
・退職後も住宅ローンが残った
・退職金が思ったより少なかった

これらは誰にでも起こりうる問題ですが、みながみな「貧乏定年」になるわけではありません。

「そりゃあ、蓄えが豊富な人は困らないだろう」と思いますか。じつは、**明暗を分けるもっと大きなポイントは、お金を計画的にコントロールしているか否かにある**といえます。

意外なことに、収入が少なくても生活を切り詰めながらやりくりできていた人は、定年後もあまり困窮しません。逆に、現役時代に年収が1000万円を超え、生活が派手だっ

た人ほど貧乏定年になりやすいのです。

彼らは節約とは無縁の暮らしを送ってきました。定年後に収入がガクンと下がっても、おいそれとはギャップに対応できません。いままでと同じようにお金を使いまくっていたら、毎月大赤字になって当然です。

たとえば、年金が年額で300万円、貯蓄が5000万円あるとします。これほど潤沢な資金があれば、普通はゆとりのある暮らしができます。

ですが、1年間に800万円を使い続けたらどうなるでしょう。毎年500万円が貯蓄から出ていくのですから、10年しか持ちません。あとは年金300万円だけの生活になります。

ライフスタイルを見直せばなんとか暮らしていけるでしょうが、現役時代の金銭感覚を変えられず、老後破産に至るケースは多いのです。

もっとも、収入の多寡に関係なく、この心理はどなたにも当てはまります。長年維持してきた生活レベルは、そう簡単には落とせません。

だからこそ、早めに現状を把握し、対策を立てることが大切になってきます。足りない分を積み上げる、無駄を省くなど事前に手を打っておくことができれば、老後破産は避けられるはずです。

　定年まで時間があるいまなら、まだ十分に間に合います。豊かなシニアライフを送るためにも、しっかりプランを練っていきましょう。

Step 1

55歳からの定年準備

定年準備

定年までに考えること

55歳になると、いよいよ定年が見えてきます。はたして金持ち定年になるか、貧乏定年になるか、ここが大事な分かれ道です。あなたの老後は、これから定年までの貴重な時間をどう過ごすかにかかっています。

定年制とは就業規則等で一定の年代になると、労働契約が自動的に終了する制度ですが、厚生労働省の平成28年就労条件総合調査によると、95％の企業が定年制を採用しています。退職する年齢を「一律に定めている」企業のうち、60歳を定年とする企業は80％、65歳以上は16％です。

60歳で定年退職して、その後は勤務延長制度か再雇用で働くパターンがまだまだ多いのが現状のようです。

ここで質問です。あなたは自分の退職日がいつか知っていますか。

たとえば、60歳になった日でしょうか。それとも60歳になった年度末でしょうか。この差は大きいですよね。わからない人は、すぐに会社の規定を確認しましょう。

さて、定年で最も変わる部分といえば、仕事と答える人が多いと思います。

この時期のキーポイントは、ズバリ「仕事」です。あなたの前には、定年リタイアする、あるいは働くという2つの選択肢があります。どちらを選ぶかによって、家計にも大きな影響が出ます。ですから、自分ひとりで決めるのではなく、家族とも早めに相談しておくといいですね。

また、定年にまつわる実務も確認しておきたいものです。**失業等給付（基本手当）、健康保険、自分の年金、妻（配偶者）の年金**など、定年した直後にはやるべき手続きが満載です。**退職する年齢が60歳か65歳**か、さらには**65歳以上も働き続けるのか**といった状況によっても、手続きは変わってきます。

具体的に動き出すのは定年を1ヵ月後に控えたあたりからになりますが、事前に把握しておくことは大事です。

というのも、選択肢は1つとは限らないためです。手続きを終えてから、あちらがよかったと悔やんでも後の祭り。お得な方法を知っていれば、老後にも大きな差がつきます。

「定年は手続きを知り、賢く選ぶ」

これが金持ち定年への第一歩です。

さあ、老後の収入をまとめてみよう

定年後のプランを立てる第一歩として、まずは老後に関わるお金について具体的に見ていきましょう。

最初は収入です。

収入は夫婦であればそれぞれにチェックします。妻は専業主婦だからといっても、受給年齢に達すれば公的年金があるはずです。これも大事な収入源です。

60歳以降も働くかどうか決めかねている人は、給与がある場合とない場合を比較してもいいかもしれません。

年金

ねんきん定期便で年金をチェック

定年後の大事な収入源は「年金」です。

まずは年金の基本を押さえておきましょう。

年金とひとくくりにしていますが、公的年金には**「国民年金」**と**「厚生年金」**の２つがありります。国民年金から支給されるものを「老齢基礎年金」、厚生年金から支給されるものを**「老齢厚生年金」**と呼びます。

老齢基礎年金は、職業を問わず受給資格がある人すべてが受給できる年金です。一方、老齢厚生年金は会社に勤めて、厚生年金に加入した人が対象になります。

つまり、**会社員は2種類の公的年金を受け取れる**わけです。

給料から天引きされているので気に留めなかったと思いますが、両方の保険料を納めていたのです。

さて、今後の資金計画を立てるためにも、いつから、いくら年金がもらえるのかは気になりますね。これは「ねんきん定期便」で確認できます。

年金は原則65歳からの支給ですが、それより前にもらえる人もいます。金額はあくまでも現状を元にした見込みですが、大まかなことはつかめるはずです。

ねんきん定期便は毎年誕生月になると、日本年金機構から国民年金・厚生年金保険の加入者（被保険者）に送られてきます。節目の年といわれる35歳、45歳、59歳は封筒で、年金加入記録の確認方法などを詳しく記したパンフレットが同封されています。それ以外の年はハガキです。

50歳を境にして、内容にはちょっと注意が必要です。50歳以上はこれまでの加入実績に応じた年金額から、老齢年金の見込み額へと記載が変わります。実際に受け取る年金により近い金額になりますから、ここは必ずチェックしましょう。

もうひとつ、年金の加入期間も忘れずに確認してください。もらえる年金額は、加入年数に応じて変わってきます。

２０１７年の８月から要件が緩和され、10年以上加入した人には年金が支払われるようになりました。加入記録に記載されていない職歴や国民年金の加入期間があるときは、できるだけ早めに年金事務所へ記録照会を申し出ましょう。漏れがあると、年金額にも影響が出る恐れがあります。

■ねんきん定期便（ハガキ）の見方

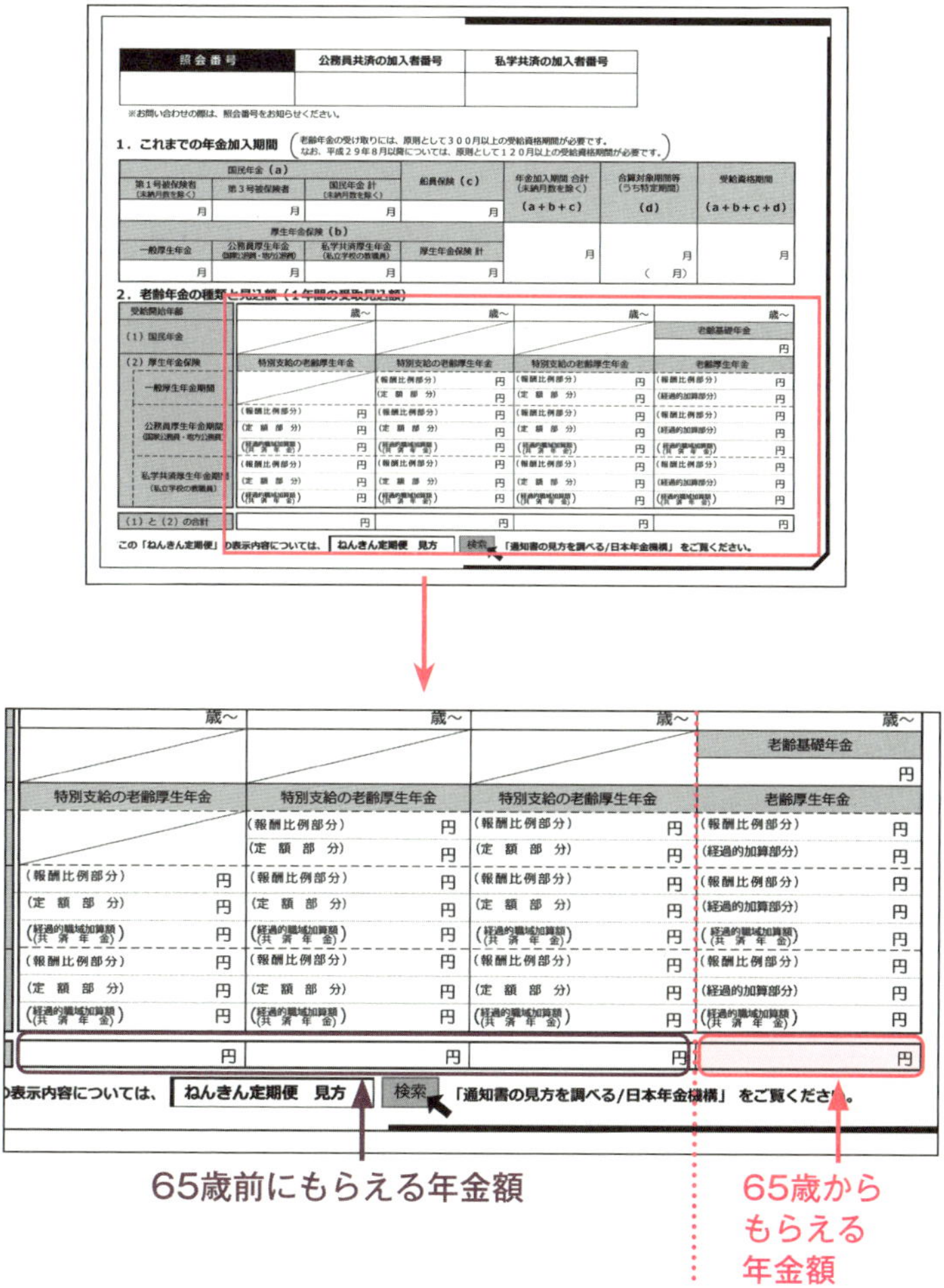

年金

夫婦の場合は妻の年金も計算

最近は、フルタイムで共稼ぎという家庭も多くなっています。

妻（配偶者）がフルタイムで働いている場合は、夫と同じように国民年金と厚生年金を計算します。

たとえ**途中で退職し以後は勤めていなくても、厚生年金に1年以上加入した経験があれば、60歳以降に支給される特別支給の老齢厚生年金と、65歳以降の老齢厚生年金を受け取ることができます。**

夫の扶養範囲内でパートやアルバイトをしたけれど、**厚生年金には一度も加入していない人は、国民年金のみ**になります。

もし、妻が昭和41年4月1日以前の生まれなら、**振替加算**があるかもしれません。厚生年金や共済年金の加入期間が合計20年未満で、加給年金を受けていた場合です。

妻が自分の老齢基礎年金を受け取れる65歳になると加給年金は打ち切られますが、かわりに振替加算がプラスされます（詳しくは１５３ページ参照）。

退職金

退職金の受け取り方

退職と聞いてすぐに思い浮かぶものといえば、退職金です。

退職金は出て当たり前と思いがちですが、じつは会社が退職金を支払うという法的な根拠はありません。退職金とは賃金の一部を積み立てた分の後払い、企業に貢献した報償金、老後の生活資金といったもので、会社の規定になければ払わなくてもいいのです。

厚生労働省の調べ（平成25年就労条件総合調査結果の概況）によれば、**退職金制度のある企業は75％**です。もしかすると退職金がないかもしれませんから、確認しておきましょう。

ここは曖昧に誤魔化すよりも、「老後設計のために退職金について知りたい」と、正直に尋ねるほうがベターです。

また、退職金の受け取り方も会社によって違います。

まとまった金額を一時金で受け取る、年金のように毎月一定額を支給される、あるいは一時金と年金方式の併用といった具合に、３つのタイプがあります。

一時金と年金方式とでは、どちらのほうが得なのでしょうか。退職金の金額やその他の所得などによって異なってくるため、これはケースバイケースです。ただ、一般的には一時金で受け取ったほうが得になるケースが多いといえます。

例をあげて説明しましょう。

60歳定年・勤続年数30年で、退職金は1500万円。64歳まで再雇用で給料を受け取り、65歳からは公的年金のみ。

A：全額を一時金で受け取る

B：10年の年金で受け取る（運用利率2％）

支給金額だけを見るとBのほうが多くなりますが、受け取った年金には税金（雑所得）と社会保険料がかかってきます。

AはBより金額は少ないのですが、**退職所得控除**が使えるため、実際に受け取れる金額が大きくなります。社会保険料も含めると、一時金のほうが手取りは多くなるのです。

会社の規定に従って支払われるものですから、社員側に選択の余地はないかもしれません。それでも、頭に入れておいて損はないでしょう。

60歳から10年間の収入を比較～手取り金額に大きな差！

- 60歳で退職金1500万円
- 60 ～ 64歳は働いて年収が350万円
- 65 ～ 69歳は公的年金が年240万円
- 勤続年数30年
- 東京都23区在住
- 所得控除は考慮していない

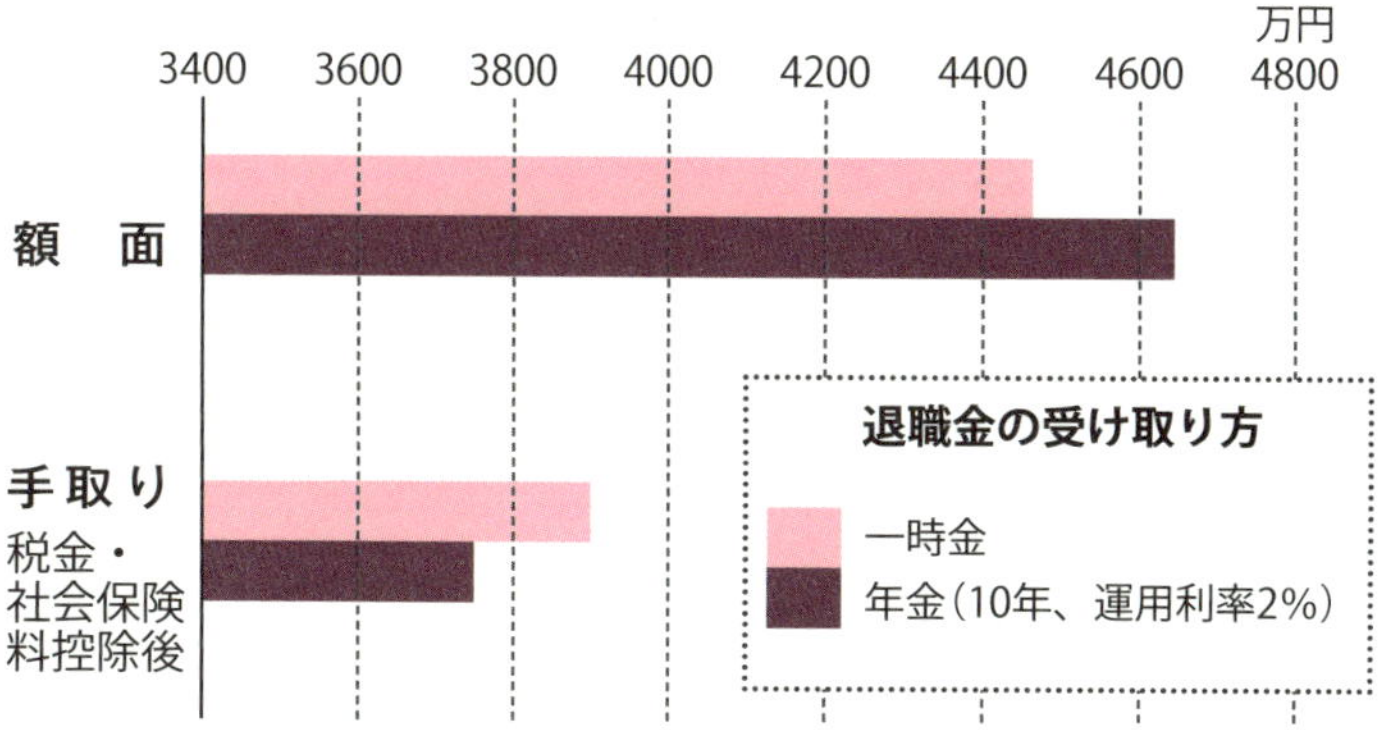

税金・社会保険料はどう違う？

	一時金で受け取り	年金で受け取り
所得税	退職所得＝（一時金額－退職所得控除額）×1/2 ●勤続20年まで 1年あたり40万円 ●21年目以降は 1年あたり70万円	雑所得＝年金額－＊公的年金等控除額 ●65歳未満で年金額130万円以下なら70万円 ●65歳以上で年金額330万円以下なら120万円など
社会保険料	退職金にはかからない	国民健康保険・介護保険料がかかる

＊2020年より原則10万円引き下げ

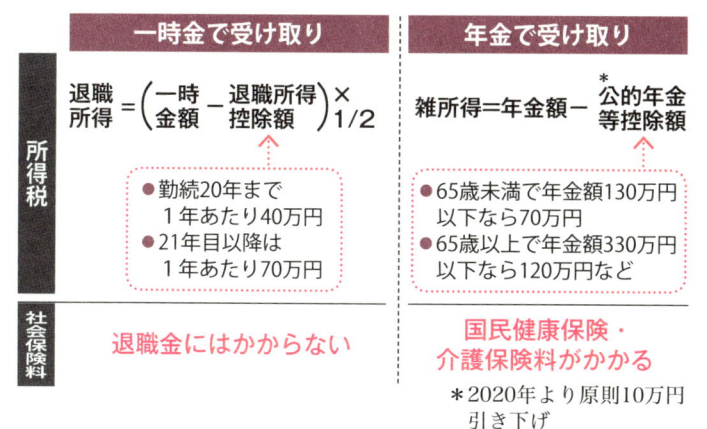

老後資金

すべての資産を確認

退職の際に受け取るものは、退職金だけとは限りません。会社によっては、社内預金制度、社内積立金、財形貯蓄を行っています。公務員の場合は、共済預金などの制度もあります。

これらも、一度チェックしておきましょう。

退職時の受け取り方法も大事なポイントです。非課税になるのか。利子は退職金控除に入れられるのか。そういったさまざまな条件で手取り額も変わってきますので、確認しておきたいところです。

さて、老後資金にはもちろん**資産**も含まれています。

この機に資産の総ざらいをしましょう。

銀行や郵便局の口座に預けてある普通預金、定期預金は、残高を書き出します。

投資関係も総額をまとめます。国債や社債の金額や、株式や投資信託は現在の評価額を計算します。証券会社から年間取引報告書が送られてくるはずですので、その数字を参考にしてください。

また、不動産を持っている人は、売却すると仮定した場合の価格を割り出します。おおまかな数字でかまいません。ネットで検索しても、ある程度の参考価格はわかります。

一方、不動産を貸している場合は毎月の家賃収入になります。後述する「退職後のお金のプラン表」(60ページ)では資産ではなく収入の欄に記入します。

意外に思うかもしれませんが、**生命保険も資産の一部**です。といっても、ここで資産と見なすのは、60歳以降にまとまった金額が確実に受け取れるタイプです。いわゆる、貯蓄型の保険を指します。

ですから、掛け捨ての医療保険のように「入ってはいるけれど、もらう機会があるかどうかわからない」ものは省きます。

終身保険などは、60歳以降の解約返戻金の額を書き入れます。個人年金保険であれば、受け取るであろう年金額を書いてください。

こうしてすべてを洗い出せば、自分の資産状況を把握することができます。これを元に今後の資産計画を立てればいいわけです。

コラム1

休眠口座は注意が必要！

ときおり、うっかり忘れていた通帳が出てくることがあります。しかし、「思わぬお宝発見！」と喜んでばかりはいられません。

銀行との取引がなくなって10年（2年、5年もあり）を経過した場合、残高1万円未満の口座と、預金者に通知を郵送しても届かない残高1万円以上の口座は休眠口座になります。

預金の行方が気になるところですが、基本的に預金は預金者に権利があり、銀行が時効を主張することはないそうです。

請求をすれば、いつでも払い戻してくれます。

ただし、旧郵便貯金だけは注意が必要です。

「定額貯金」と「定期貯金」を眠ったままにすると、預けたお金が本当に消えてしまいます。

現在のゆうちょ銀行は、ほかの銀行と同じように権利が保証されています。とはいえ、平成19年9月までに旧郵便貯金に預けた定額貯金、定期貯金、積立貯金は、満期を過ぎてから20年2ヵ月放置すると権利が失効してしまいます。こうなったら引き出すことはできません。

権利が消滅したお金は国庫に入る道をたどるわけです。

次に、老後の支出をまとめてみよう

次に支出を洗い出します。

こちらは別個ではなく、一家の支出としてまとめて考えます。主だったものをピックアップしましょう。

未定の部分もありますので、金額は大まかな目安でけっこうです。しかし、数字にして改めて眺めてみると、意外と無駄が多いことに気づくのではないでしょうか。

ここは支出を見直すチャンスです。早いうちから支出のスリム化を図っておければ、あとあと楽になります。

住宅ローン

住宅ローンの返済は?

支出というと誰でもすぐに生活費を思い浮かべるでしょう。もちろん生活費の把握は大事です。しかしそれ以外にもネックとなるポイントがあります。

定年後、最も大きな支出になりそうな要素は、住居費と生命保険です。

最初は住宅ローンについて見ていきます。

定年前に住宅ローンの支払いが終わるならまったく問題ありませんが、定年後も続くケースは要注意です。収入が年金だけになった状態では返済の負担が思いのほか大きく、老後破綻の引き金にもなりかねません。

住宅ローンはいつ完済するのかを、まず確かめてください。また、定年時に残債がどの程度残っているのかも確認が必要です。

定年後も住宅ローンが残っている人は、退職金での完済も考えましょう。

もちろん定年を待たずに、いまから見直しをするのも有効な手です。

現在はマイナス金利の時代で、住宅ローンの金利もかなり低くなっています。金利が高いまま返済を続けているのであれば、借り換えたほうがいまよりもローンの返済額が少なくなる可能性があります。

ひとつの目安として、**残債1000万円以上、残りの返済期間10年以上、現状との金利差0・5%以上なら、検討**してみてください。

あるいは、いまの段階で資金に余裕があれば、繰上げ返済を考えてもいいと思います。繰上げ返済には、月々の支払い額を減らす返済額軽減型と、返済期間を短くする期間短縮型の2種類があります。

どちらも効果はあるのですが、両者を比較すると**期間短縮型のほうがメリットは大きい**といえます。短縮された期間の利息を払わずにすむため、ローンの支払い総額が少なくなるのです。

定年までに住宅ローンを終わらせることができれば、退職金はまるまる老後資金に充てられます。

賃貸で更新料がある場合は、現在の1年分の家賃に更新料をプラスします。2年契約で更新料が1ヵ月分なら、1年間の家賃を12・5ヵ月として計算しましょう。

教育費の現状と見通し

50代半ばといえば、子どもが大学生になって教育費の負担が重くのしかかっているころでしょう。もうひと踏ん張り。子どもが独立したら、家計はぐっと楽になるはずです。この時期は**教育資金のスケジュールと、老後資金の兼ね合いが大切**です。大学生も後半になると少し余裕が出てくるでしょうから、老後資金に回すことも考えてみてください。

近ごろは**奨学金制度や教育ローンを利用する人が増えていますが、ここは要注意**です。子どもが大学を卒業したあと10年も15年もローンの支払いが残り、大きな負担になりかねません。奨学金の返済は親が行うのか、子どもが行うのかは思案のしどころです。

また、返済の計画も検討しましょう。住宅ローンと同様に奨学金も繰上げ返還が可能で、早く返し終わったほうが支払い総額が減ります。

住宅ローンに比べて、奨学金は毎月の返済額が少ないもの。そのため後回しになりがちですが、じつは年利で見ると住宅ローンより高いのです。住宅ローンより先に手を打ってもいいかもしれません。年金暮らしになって支払いが続くのは、けっこう重荷になります。

■繰上げ返還のあるなしを比較

第二種奨学金を返還

●借用金額／120万円●年利率／1.9333333%●月賦返還
●返還回数／144回(12年間)
(1～33回目までは返還済みとし、34～43回目を比較)

通常返還	繰上げ返還
●33～43回目(毎月支払い) 9万4230円 ●返還金額／9万4230円	●2015年9月27日に繰上げ返還(当月分＋繰上げ9回分・計10回分)する場合 ●34回目(当月分)　9423円 ●35～43回目(繰上げ分) 7万1620円 ●返還金額　8万1043円

繰上げ返還によって1万円以上の削減ができる!

出典：日本学生支援機構HPより

保険の見直し

今度は保険の見直しです。貯蓄型の保険は資産であると同時に、支出でもあります。資産となる保険金を受け取るためには、保険料を払わなければならないのです。

まずはどんな保険に加入しているかを洗い出し、それぞれについて払っている保険料をチェックします。口座引き落としだと無頓着になりがちですが、家計に占める保険料の割合はけっこう大きいことに気づくでしょう。

保険を見直す際には保険料と保障内容の両方に注目します。

会社員なら、団体加入の保険に入っている人も多いと思います。団体で加入する保険は生命保険に比べて保険料が安い場合もあります。しかし、保障内容や契約内容は会社によってまちまちです。その保障は定年で終了するのか、継続できるのか。また、家族の保障はどうなるのか。こういった詳細は会社に確認してください。

すでに子どもが独立した、あるいは独立間近なら、もうそれほど大きな保障は必要ないでしょう。**高額な保障がついた定期保険は解約してもいい時期**かもしれません。まったく保障がなくなるのは不安だというのであれば、保障の減額も有効です。

逆に、**解約してはいけない保険も存在**します。以前に入ったまま契約が続いている生命保険は、定期保険付終身保険の可能性があります。これは10年以上前、大手保険会社の主力商品でした。

この保険の終身部分だけは予定利率がよく、いまや**「お宝保険」**と呼ばれています。大切に取っておきましょう。

ただ、60歳や65歳で払込満了となったあと、医療保障や三大疾病などの特約は契約が終わり、更新すると保険料が高額になるかもしれません。**特約部分の保障は見直しが必要**だといえます。

そして、見直すならいまです。

60歳を過ぎてから生命保険を見直そうとすると、年齢制限で加入できない商品があったり、保険料が高くなったりします。年齢を重ねるごとに健康のリスクは高まり、血圧やBMIなどの数値も悪くなってきます。加入条件をクリアすることが難しくなるわけです。また、薬を服用していると、希望する保険の契約自体ができないケースもあります。引受基準緩和型の保険には入れても、保険料は高くなります。

保険は次々と新しい商品が出ており、以前と比べて保険料は安いのに保障は手厚くなっていることも珍しくありません。掛け捨ての保険はいつ解約しても損はないので、いまのうちに入り直す手もあります。

それから、**定年後に残す保障を取捨選択**することも大事です。

必要ないと判断した保障は思い切って解約し、保険料として払っていた分を老後資金の備えに回してもいいでしょう。

ちなみに、「保険料は一生上がりません」と謳う医療保険が増えてきました。健康への不安が高まる老後の備えとして安心ですし、保険料も手頃でお得に見えます。

ただし、保険料が一生上がらない保険とは、保険料を一生払い続ける保険という意味です。

年金だけの生活になっても、それどころか80歳、90歳になっても払うことになります。

そして、**医療保険は入院や手術をしない限り、通常1円の戻りもありません。戻りがある商品は、その分保険料が高く設定**されています。

老後の生活において、その保障が本当に必要か否かをきちんと見極めてください。

生活費

生活費はいくら？

1ヵ月の生活費は、いくらでしょうか。

きちんと家計簿をつけている家庭なら話は別ですが、すぐに答えられない人は多いものです。しかし、老後設計をする際、生活費の把握は欠かせません。

もっとも、細かい数値まではじき出す必要はなく、大まかにわかっていればけっこうです。となると、方法は簡単。

会社員は毎月の給料が決まっています。そこから、住居費、ローンの支払い、教育費（塾も含む）、生命保険料、貯蓄などを引き、残りが生活費として使える分です。

旅行に行ったり、大型家電を買い替えたりした月は出費も増えますが、ここでは毎月決まって出て行くお金に絞ります。1年分をまとめて支払うものは、12で割ると1ヵ月分に換算できます。

定年後も、このくらいは生活費が必要になるというわけです。子どもが学校を卒業したりローンが終われば支出は少なくなるとはいえ、収入も現役時代より減っているはずで

■高齢夫婦無職世帯の家計収支の例

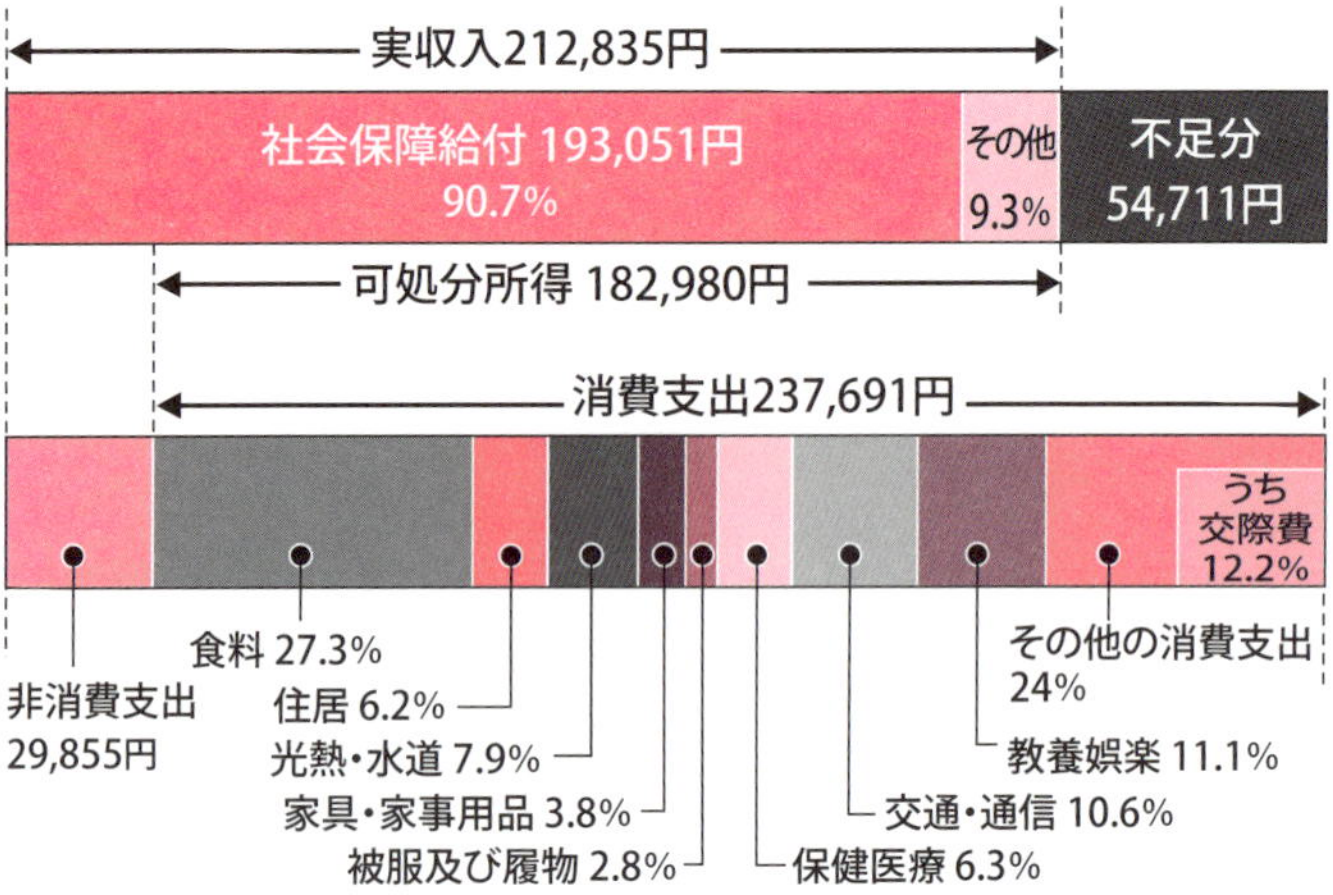

総務省統計局「家計調査報告」(2016年)

す。安穏としてはいられないかもしれません。

参考までに、総務省の「家計調査報告」（2016年）のグラフを示しておきました。

高齢者の夫婦無職世帯（夫65歳以上、妻60歳以上、世帯は2人きり）の家計収支は、次のようになっています。1ヵ月に必要な生活費は26万7546円。このうち、年金が19万3051円で、その他の収入が1万9784円です。

これだけでは、5万4711円が足りません。この不足分は、貯蓄からの取り崩しになります。ただし、これはあくまでも一例です。大都市と地方では支出に大きな差が出ますから、注意してください。

イベント費

ライフイベントにかかる費用

定年退職してもすぐに再就職する予定なら、ゆったりライフを送れるのはもう少し先の話になります。

けれど、リタイアしたあとは仕事に追われる日々から解放され、自由な時間を過ごすことができます。あれもやりたい、これも挑戦してみたいと、さまざまな計画を思い描いているのではないでしょうか。

ここで、定年後に起こるライフイベントを書き出してみましょう。ただし、やりたいことだけではなく、やるべきことも加えます。たとえば、築年数が経った家は大規模な改修が必要かもしれません。こういったものも大事なライフイベントです。

ライフイベントの一例はというと…。

・住宅のリフォーム
・家の住み替え
・子どもの結婚・出産

・旅行・レジャー
・車の買い替え
・親の介護

さらに、それぞれ金額を書き込みます。こうすると、計画がいきなり現実味を帯びてきたのではありませんか。やりたいことが満載でも、老後資金を使い切っては元も子もありません。

退職金というまとまった金額を手にしたせいで気が大きくなり、無駄遣いをしてしまったケースは少なからずあります。

孫かわいさに老後資金を使って教育資金贈与をした揚げ句、自分たちの生活が苦しくなったという話も聞きました。

何をするにもお金がかかり、手持ちのお金は無尽蔵ではないのです。あれもこれもと無計画に手を出していたら、大事な老後資金が底をついてしまいます。

ライフイベントを考える作業は、自分にできる範囲を見極めることにつながります。項目と金額を見比べて、何度も見直しが必要かもしれません。そのなかから優先順位が高い項目を残していきましょう。

大切なのは老後資金を増やすこと

老後資金はできるだけ確保したいところです。

ここからは増やし方を紹介しましょう。

「でも、投資なんてやったことがないし、リスクが高そうで不安」という人もいるかもしれません。

ご安心ください。そんなリスキーな手段はお勧めしません。

もちろんリスクがゼロとはいえないのですが、初心者でも効率的に増やせて、なおかつメリットも多い方法です。

確定拠出年金はおすすめ

「公的年金だけではちょっと心配。もう少しプラスアルファがほしい」

そんな人は「確定拠出年金」を利用してはいかがでしょうか。老後資金を増やすために有効な手段です。

確定拠出年金には、企業型と個人型があります。企業型は掛け金を企業が負担し、運用の指示は個人が出す形です。企業年金制度がない会社に勤めていたり、自営業者は個人型になります。2017年からは個人型の適用範囲が広がり、60歳以下なら誰でも加入できるようになりました。

確定拠出年金のメリットは、3つの税制優遇がある点です。

まず、掛け金は全額が控除の対象になります。所得税が10%であれば、住民税の10%と合わせて20%の税金が安くなるのです。

たとえば、毎月1万円ずつ、年間に12万円を拠出したとしましょう。この20%ですから、2万4000円の税金が戻ってきます。

いわば、**年利20％で積み立てているのと同じ**。大手銀行の定期預金金利が0・01％の時代に、これはかなりお得です。

次に、運用益が非課税になります。一般的に金融商品で得た利益に対しては、20・315％の源泉分離課税が引かれます。しかし、確定拠出年金で得た配当益や譲渡益は非課税です。さらに、受け取るときも税制の控除があります。一時金で受け取れば退職所得控除が、年金形式にする場合は公的年金控除が使えます。

とても有利な制度だと思いませんか。

ただし、**通常の金融商品や預金とは違い、60歳まではお金を引き出すことができません**。そもそもが年金を目的としたしくみであるため、これは当然の話なのです。

ここはデメリットと見えなくもありませんが、勝手に引き出せないからこそ確実に貯められるともいえます。

運用に関しては、自分で詳細を決められます。つまり運用は「自己責任」ということです。途中で運用商品の配分を変更したり、運用商品を変えたりすることが可能です。

しかも運用成績は、ネットで簡単に確認できるようになっています。確定拠出年金を利用するなら、最低でも1年に1回以上はチェックしてみてください。

老後資金

確定拠出年金をさらに活用

確定拠出年金は積立預金や個人年金保険などより、効率的に老後資金を増やすことができます。定年までにもっと老後資金を増やしておきたいと思うなら、最大限に活用しましょう。

「すでに加入しているんだよね」という人でも、増額はひとつの方法です。

企業型確定拠出年金を行っている会社では、**マッチング拠出**ができる場合があります。マッチング拠出とは、会社が払っている掛け金に従業員が上乗せして拠出できる制度です。**限度額は、会社の掛け金との合計が月額5万5000円**。会社の掛け金より個人の掛け金が上回らないことが条件となっています。この制度があるなら、一度検討してみてください。

マッチング拠出がないのでしたら、個人型の確定拠出年金を利用できます。**限度額は月額2万円**です。

また、企業年金や企業型確定拠出年金の制度がない会社に勤めているときも、個人型の

■加入年数と受給年齢

60歳時点での通算加入者等期間	受給可能年齢
10年以上加入	60歳
8年以上～ 10年未満	61歳
6年以上～ 8年未満	62歳
4年以上～ 6年未満	63歳
2年以上～ 4年未満	64歳
1ヵ月以上～ 2年未満	65歳

確定拠出年金になります。このように**個人型だけであれば、限度額は月額2万3000円**です。

さらに、**国民年金の第3号被保険者になっている専業主婦の妻も、個人型の確定拠出年金に加入することができます**。所得がないため掛け金の所得控除は使えませんが、運用益は非課税になります。加えて、受け取る際には、退職所得控除と公的年金控除が使えます。

これも検討の余地があると思います。

確定拠出年金は60歳で積立は終了して、運用期間は70歳までですが、税制のメリットを考えれば利用する価値は大いにあります。

なお、加入期間によって引き出し年齢も変わってくるので、注意してください。

老後資金

定年前後から安定資産へ移動する

確定拠出年金は掛け金の支払いが60歳で終わり、60歳から70歳の間に受け取るしくみです。

メリットの大きい確定拠出年金ですが、60歳を前にした運用のポイントがあります。とくに、**リスクの高い株式だけのアクティブ運用をしている人は、注意が必要**かもしれません。アクティブ運用とは、市場の平均を上回る指標での運用を指します。

アクティブ運用のリスクについて、例をあげて説明しましょう。

5年後の60歳で確定拠出年金を受け取ろうと考えているAさんは、リスクの高い株式のアクティブ運用をしていました。世界景気は好調で株式も上がり、運用益はかなり出ていました。このままいけば、受け取る際には拠出金額よりも20%も運用益が出る計算になります。

ところが、5年後には状況が一変。地政学リスクが高まり、世界経済が悪化したのです。株価は2008年のリーマンショック並みに下落しました。Aさんの確定拠出年金は20%

の運用益が吹っ飛び、マイナス10％まで落ち込む結果に……。

がっかりな結末を迎えたAさんですが、じつは打つ手はあったのです。

確定拠出年金は運用する商品をスイッチングできます。たとえば、日本株式の商品を選んでいたとしましょう。株価は上がって運用益が出ていても、先行きが怪しくなったときには安定的な商品に変更が可能なのです。そして、また株が上昇しそうだと思ったなら、再びスイッチングをすればいいわけです。

確定拠出年金の受け取りが近くなった時期までリスクの高い運用にしておくと、受け取り時点で下がってしまう場合もあります。

そうした事態を避けるためには、リスクの高い商品からリスクの低い安定的な商品に切り替えておくのも、ひとつの方法です。

ちなみに、受け取ろうと思っていた時期に、景気が悪くなって値下がりしてしまうケースもあります。

どうしてもそこでお金が必要だという人もいるかもしれませんが、待てる余裕があるなら受け取る時期を遅らせましょう。また景気が持ち直して、運用成績がよくなった時点で受け取ればいいのです。

老後資金が足りない人のための運用方法

確定拠出年金のほかにも、効率よく老後資金を貯める方法があります。代表的なものとして、**NISA（少額投資非課税制度）**があげられます。

NISA口座は1人につき120万円までが限度で、最長5年間、最大600万円を投資できます。この制度のメリットは、なんといっても株や投資信託などの運用益・配当金が非課税になる点です。**値上がり益や配当金には通常20・315%の税金がかかるのですが、NISAは非課税**となります。

一方、デメリットはほかの金融商品と通算できないこと。NISA口座で損失を出し、ほかの金融商品で利益が出たとしても、両者を相殺して税金を軽くはできません。

NISAを利用する際は、注意点がひとつあります。**NISA口座の配当金等の受け取り方式は、「株式比例配分方式」にしておいてください**。これ以外の方式だと、課税されてしまいます。また、2018年年から始まるのは積立NISAです。積立NISAは、年間40万円を上限として最長20年間の非課税投資枠があります。

■NISAのしくみ

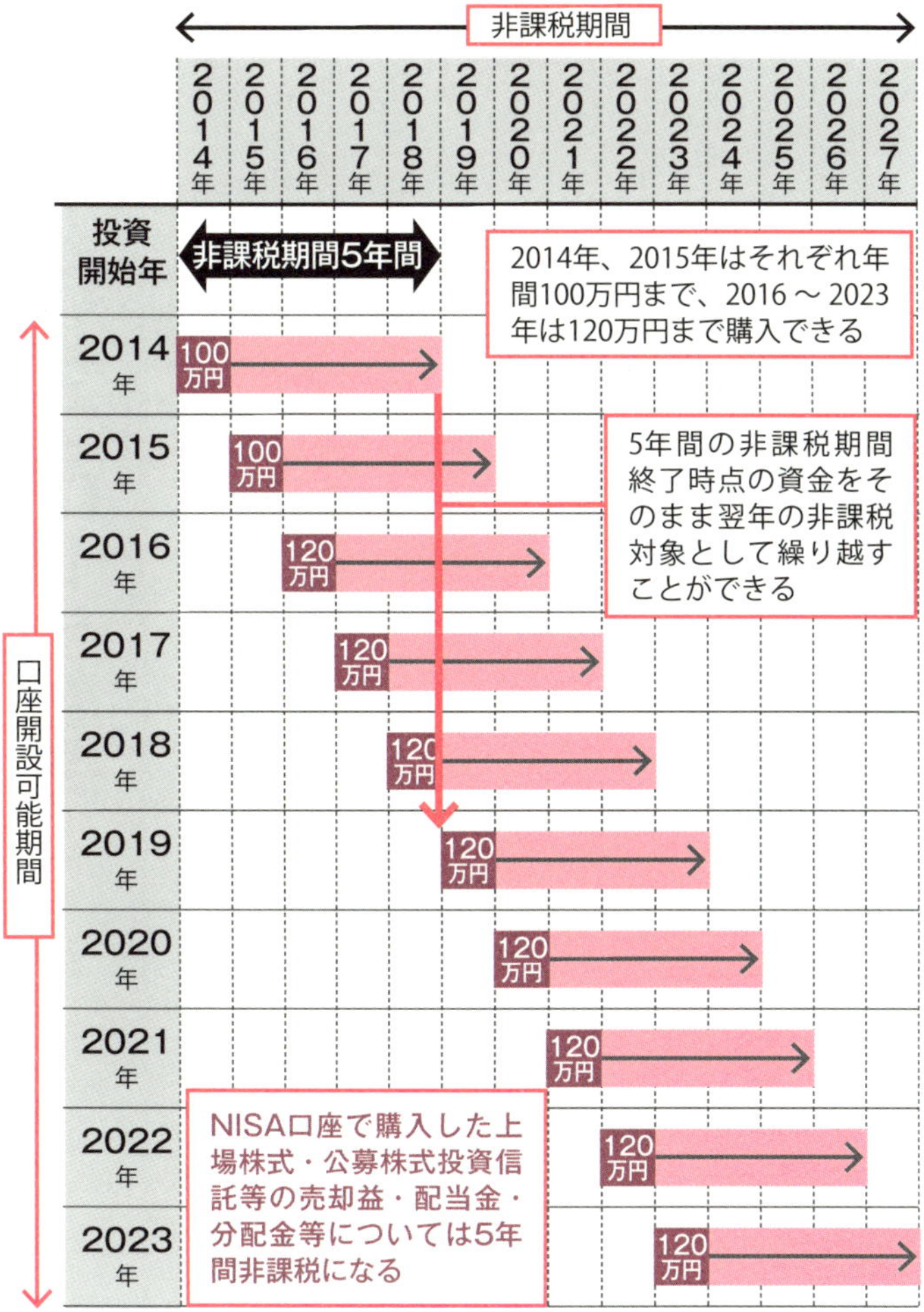
非課税期間
2014年 2015年 2016年 2017年 2018年 2019年 2020年 2021年 2022年 2023年 2024年 2025年 2026年 2027年
投資開始年
非課税期間5年間
2014年、2015年はそれぞれ年間100万円まで、2016～2023年は120万円まで購入できる
2014年 100万円
2015年 100万円
2016年 120万円
2017年 120万円
2018年 120万円
2019年 120万円
2020年 120万円
2021年 120万円
2022年 120万円
2023年 120万円
5年間の非課税期間終了時点の資金をそのまま翌年の非課税対象として繰り越すことができる
口座開設可能期間
NISA口座で購入した上場株式・公募株式投資信託等の売却益・配当金・分配金等については5年間非課税になる

老後資金

ストックよりもフローを重視

老後資金は、誰しも頭を悩ませる問題です。あるファイナンシャルプランナー仲間の元には、こんな相談が寄せられました。

相談者は75歳の女性。預貯金が1億円以上、年金が２００万円あるにも関わらず、老後の資金が不安で夜も眠れないというのです。

1億円あれば、毎年４００万円ずつ使っても25年はもちます。あまり心配はいらないケースだと思うのですが、預貯金が減ることに対して不安を覚えてしまうのでしょう。

金額の差こそあれ、彼女と同じような心理は誰にでも働きます。

ストック（預貯金などの資産）は、基本的に取り崩していくものです。十分な蓄えがあったとしても、明らかに目減りする数字に不安をかき立てられるわけです。

ですから、老後も毎月一定額のお金（フロー）が入ってくるほうが安心できます。資産は1億円でフローがないケースと、資産は１０００万円でも毎年３００万円の収入があるケースを比べたら、安心感では後者が勝ります。長生きの時代ですので、一生涯フローの資産はできるだけたくさん持つようにしたいもの。

終身で受け取れるフロー資産の筆頭は、国民年金と厚生年金です。

そのほかに契約の仕方によって状況は変わりますが、次のようなものがあります。

・国民年金基金
・個人年金保険
・企業年金（一部）
・家賃収入
・株式投資や国債などの債券

準備している老後資金の一部を、一生涯受け取れる資産へと移すのもひとつの方法です。

ちなみに、そもそも公的年金は生きている限り受給できるしくみになってはいますが、いまより額を増やす手段もあります。

それが**繰下げ受給**です。受給する時期を1ヵ月遅らせるごとに0・7％ずつ増えていき、70歳まで繰下げると42％もアップします。かなりいい利回りですので、検討してみてください。ただ繰下げ受給のデメリットとしては、早死にをすると損をすることになります。

コラム2

退職金の落とし穴

日本経済団体連合会の調査によれば、退職金の平均額は約2400万円（大卒総合職）です。東京都産業労働局労働情報センターの「中小企業の資金・退職金事情」では、約1200万円(大卒)となっています。

これまで運用経験のない人が突然こんな大金を手にしたら、使い道に迷ってしまうのではないでしょうか。ここは要注意。危険な落とし穴がたくさん待ち受けています。

◉退職金特別プラン

退職金が振り込まれると、即座に銀行がアプローチを開始します。彼らの狙いは退職金を使ってあなたに投資信託や保険を買ってもらうことです。

マイナス金利の現在、預金残高ではたいした儲けが出ません。銀行にとっては、投資信託などを売って得られる手数料のほうがオイシイわけです。

よく提案される**「退職金特別プラン」**は、大半が定期預金と投資信託を半々に組み合わせた内容になっています。

定期預金の金利が6％と驚くほど高いのですが、よく見ると3ヵ月ものとあります。これは「3ヵ月を過ぎると、通常の定期預金の金利になる」という意味です。

しかも、投資信託の手数料も侮れませ

■退職金特別プランのしくみ

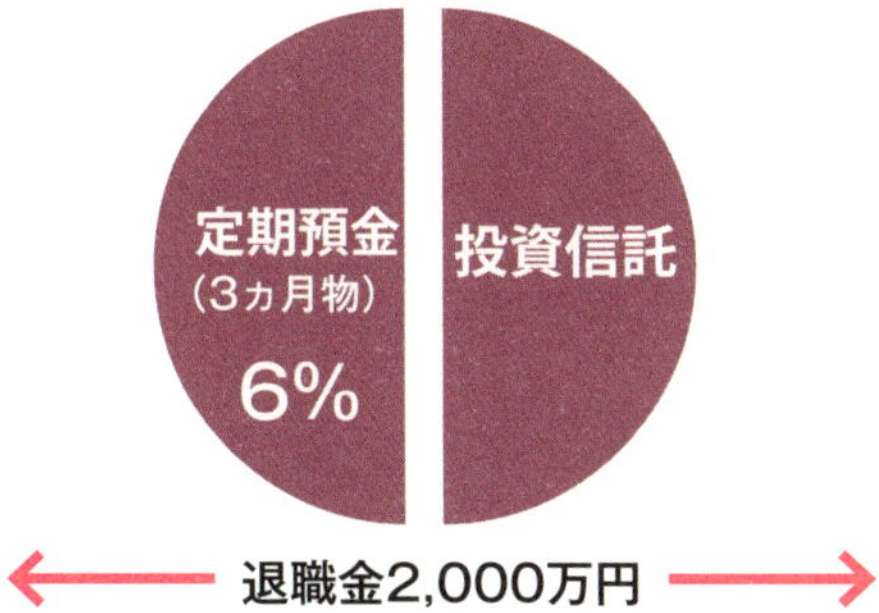

利　息：1,000万円×1.5%＝**15万円**
手数料：1,000万円×3.0%＝**30万円**
契約者はマイナス15万円からのスタートになる

ん。たとえば、２０００万円を運用したとします。３ヵ月もので６％の金利を年利に換算すると、１・５％。１０００万円の定期預金には15万円の利息がつきます。残りの１０００万円で手数料３％の投資信託を申し込んだら、購入手数料は30万円です。

なんと**優遇金利よりも、手数料のほうが高いのです**。銀行はこの時点で15万円の利益が出る一方、契約者は最初からマイナス15万円のリスクを背負わされます。

定期預金が減ることはありませんが、投資信託は運用に左右されます。信託報酬が高いケースが多いため、よほど運用がうまくないとなかなかプラスになりません。

◉不動産投資・株式投資

ワンルームマンションのオーナーにならないかという勧誘もあります。「家賃収入で豊かな老後」といったフレーズは魅力的に聞こえます。

また、これまで手を出したことがないにも関わらず、退職金をつぎ込んで株式投資を始める豪快な人もいます。

不動産投資、株式投資で資産を増やすのもいいと思いますが、やはり知識ゼロの状態で成功するほど甘くはない世界です。一度も投資経験がない人がいきなり始めて、うまくいった話は聞いたことがありません。

◉詐欺

金融商品の詐欺も多いもの。「未公開株」「海外不動産」「FXファンド」「海外コイン」「動物・植物などへの投資」など、手口はさまざまです。

「自分だけは大丈夫!」と思っている人は、とくに危険です。**うまい話には裏がある**と疑ってかかったほうが無難でしょう。

◉夢を追って

定年後は「第二の人生。長年温めてきた夢を実現させる」とばかりに、起業する人もいます。しかし、始められることと成功するかどうかは別ものです。

蕎麦打ちの修業をして店を開く、

300万～400万円かけて自費出版するなど、ケースもいろいろ。話もよく聞きますが、残念ながらほとんどの場合はうまくいきません。夢を追うのは悪いことではありませんが、現実の生活も考慮しましょう。もしも失敗したら、虎の子の退職金がゼロになり、さらには借金まで背負い込む恐れもあります。

そのほか、長年頑張って働いてきた自分へのご褒美もかねてと考えるせいか、世界一周クルージングも人気です。この豪華な船旅は1人につき、だいたい200万円はかかります。

夫婦で出かければ、いっぺんに400万円が吹き飛びます。

また、暇を持て余してギャンブルにハマったり、キャバクラへ通い詰めたりして散財するケースも見受けられます。

退職金は大切な老後資金だということを忘れてはいけません。もらった当初は大きな金額でも、それがこの先20年、30年の生活を支えていくのです。

後先考えず一気に使ってしまっては、途中で底をつくか、その後の生活をかなり切り詰めなくてはならなくなる可能性があります。使う前によく考え、家族とも相談することをお勧めします。

退職金の無駄遣いには、くれぐれもご用心を。

定年後のお金プラン表を作る

貧乏定年と金持ち定年の分かれ目は、**定年前の資金計画**にあるといっても過言ではありません。実際にチェックシートを作成して、現時点での状況を把握しましょう。収入は夫と妻に分け、支出と資産は一家でまとめて書き入れます。

1円単位まで正確に計算する必要はなく、だいたいの金額でかまいません。ただし、記載する項目は漏れのないようにしてください。

住居費は賃貸料のほか、住宅ローンも含みます。イベント支出とは、リフォーム、子どもの結婚、車の買い替えなど、ライフイベントにかかるであろう費用です。子どもがいる家庭は教育費も記入しましょう。

1歳刻みで作ることに驚いたかもしれませんね。しかし、住宅ローンを完済した、国民年金の受給が始まったなど、年齢によって収支は異なるのです。

ちょっと面倒な作業ではありますが、この表を完成させれば老後資金の全体像が見えてきます。

退職後のお金プラン表（記入例）

西暦年	年	年	年	年	年	年	年	年	年
収入（夫）	60歳	61歳	62歳	63歳	64歳	65歳	66歳	67歳	68歳
退職金	1200万		←	27ページ参照					
給料	200	200	200	200	200	200			
国民年金			←						
厚生年金			←	23ページ参照					
企業年金			←						
個人年金保険									
その他									
収入（妻）	58歳	59歳	60歳	61歳	62歳	63歳	64歳	65歳	66歳
退職金			←	27ページ参照					
給料									
国民年金			←						
厚生年金			←	26ページ参照					
企業年金			←						
個人年金保険									
その他									
Ⓐ 収入合計									
支出									
生活費			←	41ページ参照					
住居費（ローン）			←	34ページ参照					
保険料			←	38ページ参照					
教育費			←	36ページ参照					
イベント支出			←	43ページ参照					
その他									
Ⓑ 支出合計									
資産									
預貯金			←						
金融商品			←	30ページ参照					
不動産			←						
Ⓒ 資産合計									
資産残高（Ⓐ-Ⓑ+Ⓒ）									

年	年	年	年	年	年	年	年	年	年	年	年
69歳	70歳	71歳	72歳	73歳	74歳	75歳	76歳	77歳	78歳	79歳	80歳
歳	歳	歳	歳	歳	歳	歳	歳	歳	歳	歳	歳

退職後のお金プラン表(60歳～ 80歳)

西暦年	年	年	年	年	年	年	年	年	年
収入(夫)	60歳	61歳	62歳	63歳	64歳	65歳	66歳	67歳	68歳
退職金									
給料									
国民年金									
厚生年金									
企業年金									
個人年金保険									
その他									
収入(妻)	歳	歳	歳	歳	歳	歳	歳	歳	歳
退職金									
給料									
国民年金									
厚生年金									
企業年金									
個人年金保険									
その他									
Ⓐ 収入合計									
支出									
生活費									
住居費(ローン)									
保険料									
教育費									
イベント支出									
その他									
Ⓑ 支出合計									
資産									
預貯金									
金融商品									
不動産									
Ⓒ 資産合計									
資産残高(Ⓐ-Ⓑ+Ⓒ)									

年	年	年	年	年	年	年	年	年	年	年
90歳	91歳	92歳	93歳	94歳	95歳	96歳	97歳	98歳	99歳	100歳
歳	歳	歳	歳	歳	歳	歳	歳	歳	歳	歳

■退職後のお金プラン表(81歳～100歳)

西暦(年)	年	年	年	年	年	年	年	年	年
収入(夫)	81歳	82歳	83歳	84歳	85歳	86歳	87歳	88歳	89歳
退職金									
給料									
国民年金									
厚生年金									
企業年金									
個人年金保険									
その他									
収入(妻)	歳	歳	歳	歳	歳	歳	歳	歳	歳
退職金									
給料									
国民年金									
厚生年金									
企業年金									
個人年金保険									
その他									
Ⓐ収入合計									
支出									
生活費									
住居費(ローン)									
保険料									
教育費									
イベント支出									
その他									
Ⓑ支出合計									
資産									
預貯金									
金融商品									
不動産									
Ⓒ資産合計									
資産残高(Ⓐ-Ⓑ+Ⓒ)									

Step 1
まとめ

- 定年後のプランは、まず資金計画から。
- 収入、資産、支出を割り出し、家計の全体像を把握する。
- ねんきん定期便は加入記録や支給開始年齢もチェック。
- お金のチェックシートを作成して、今後の家計を長期的に分析。
- 住宅ローンや保険の見直しなど、早い段階から老後の支出を軽くする手段を講じておく。
- 効率のよい方法で老後資金を増やす。
- 経済的な現状を踏まえて、定年後の働き方を検討する。
- 退職金は大事な老後資金。無駄遣いしないよう計画を立てる。

Step 2

定年1ヵ月前からの準備

年金

年金手帳を準備

年金手帳とは、厚生年金保険や国民年金に加入したときに交付される手帳です。**平成8年までの加入者はオレンジ色、それ以降に加入した人は青色の手帳**になります。

年金手帳は年金を請求する際に、必要となる大事なものです。実際の請求は数年先でも、年金事務所で相談などをする際にも使います。この機会に確認しておきたい大切なポイントだといえます。

オレンジ色を何冊も持っている人は、なくさないようにしましょう。

また、年金手帳に**「雇用保険被保険者証」**が一緒に綴じてあることがあります。これも年金の手続きに必要ですので、きちんと保管しておいてください。

本来、年金手帳は自分で管理しておくものなのですが、なかには「年金手帳なんて見たことがない」と焦った人もいるかもしれません。こういう場合は、まず勤務先に確認しましょう。会社が社員の手帳を保管していることもあります。会社が保管しているのであれば、退職前に受け取ってください。

年金手帳を手にしたら、記載された氏名や生年月日をチェックしましょう。もし、誤りがあったときには、すみやかに訂正を行います。とくに、結婚後に姓が変わっている場合などは注意が必要です。

まだ勤めている間は事業主に変更する箇所を申し出ます。退職したあとなら、住所地の年金事務所で手続きをします。

ところで、ふだんは年金手帳を使いません。そのため、どこにしまったか忘れた、あるいは紛失してしまったというケースも考えられます。

「真面目に保険料を納めてきたのに、年金がもらえない！」と、パニックに陥ってしまうかもしれませんが、大丈夫。ちゃんと救済策があります。

紛失したり、ひどく汚してしまった場合には、再交付を受けることが可能です。

在職中なら勤務先を通じて、もしくは事業所を管轄する年金事務所へ「年金手帳再交付申請書」を提出します。退職しているのであれば、最寄りの年金事務所またはねんきんダイヤルで手続きをしてください。

オレンジ色の年金手帳や厚生年金被保険者証（昭和49年10月までに入社して厚生年金に加入した場合に交付）を紛失したときは、年金事務所へ行って相談をしましょう。

雇用保険

離職票はいつ受け取れるか

定年後も働きたいという意思は持っていても、まだ次の就職先が決まらない。こういうときには、失業等給付が受けられます。一般的には失業保険の名で知られていますが、正式には失業等給付といいます。

これを受給するために必要なのが「離職票」です。離職票は1と2があり、勤務状況や直近の賃金の状況、離職理由などが書かれています。

離職票は会社からもらいますが、すぐに受け取るのは難しいかもしれません。というのも、会社側は退職の翌日から10日以内に雇用保険の手続きを行うことになっているからです。会社の都合もありますから、早くしてくれと文句はいえません。退職する前に、いつごろ離職票を出してもらえるか確認するといいでしょう。

受け取った離職票は住所地のハローワーク（公共職業安定所）へ提出します。自分で手続きを行うことになりますから、所在地や電話番号などはあらかじめチェックしてください。

健康保険

健康保険証はコピーを取っておく

会社員時代は勤務先が加入している健康保険が使えました。もちろん退職するぎりぎりまで有効だとはいえ、退職後は使えなくなります。

退職と同時に、いま使っている保険証（健康保険被保険者証）は返却しなければなりません。自分の保険証だけでなく、家族の分も返します。

もっとも、日本は国民皆保険の国ですから、この保険証を返したといっても、いずれか別の健康保険に入ることになります。保険証の体裁はどれもほとんど変わりませんが、番号や記号、色などは変わります。

念のため、返す前に現在加入している保険証のコピーを取っておくといいでしょう。コピーは家族の保険証も忘れずに。

これから病院のお世話になる機会が増えてこようかという年代とあって、ますます健康保険の重要性は高まるでしょう。退職直後にはいくつかの選択肢がありますが、それについては後述します。

全体

支給品は忘れずに返却

退職をする際には会社から受け取るものもあれば、返すものもあります。社員証や名刺といったその会社の社員であることを示す身分証の類、会社から支給された備品などはすべて返却します。制服がある場合はクリーニングをして返すほうがベターでしょう。

いままで使っていた保険証も返すものの1つ。返却時には家族の分も持参することを忘れないようにしてください。もし、通勤定期券が現物で支給されているなら、定期券も返します。

大きなものはそうそう返し忘れないと思いますが、小さなものはうっかりしてしまうケースもあります。「あれ、ロッカーの鍵がポケットに入っていた」などということがないように気をつけましょう。

返却するものを一覧リストにしてチェックしていけば、うっかり忘れを防げます。

税金

退職金には所得税と住民税がかかる

退職金はまとまった金額になりますから、あれに使おう、これに宛てようと、いろいろ計画を立てていると思います。ただし、全額が懐に入ると思ったら大間違い。退職金にも税金がかかってくるのです。

かかる税金は**「所得税」**と**「住民税」**です。とはいえ、それほど心配はいりません。退職金には**「退職所得控除」**という大きな控除があるからです。退職金の税金は次のように計算します。

（退職金－退職所得控除額）×1／2×税率＝納める税金

この退職所得控除はかなりお得です。勤続年数が20年以内なら「40万円×勤続年数」（最低80万円）を、20年以上なら「800万円＋70万円×（勤続年数－20年）」を退職金から控除してくれます。

■**課税対象はいくら？**

例 **退職金の支給額が1500万円、勤続年数が23年3ヵ月の場合**

①**勤続年数** 24年（1年未満の端数は1年に切り上げ）

②**退職所得控除額**

800万円＋70万円×（24年－20年）＝1080万円

③**課税退職所得金額**

（1500万円－1080万円）×1／2＝**210万円**

さらに、控除を引いた残りを2分の1にして税率をかけます。「控除」と「2分の1」のダブルの特典がありますから、退職金の税金はとても優遇されていますね。

勤続年数は、原則として退職金を支払う会社で退職日まで継続して勤務した期間です。長期欠勤や病気での休職期間も勤続年数に含めます。勤続年数の1年に満たない端数は、1年に切り上げます。

いままでに退職金をもらったことがある場合には、控除の計算が違うこともありますので注意しましょう。

また、会社の役員等の方も要注意。役員等としての勤続年数が5年以下だと、その勤続年数に対する退職金には2分の1が適用されません。

税金

退職金の控除を受けるには

退職金をもらう前には**「退職所得の受給に関する申告書」**を会社に提出します。

これは源泉徴収に関わる書類です。

もし出し忘れると、退職金の20％（復興特別所得税を合わせて20・42％）が天引きされます。

つまり、退職所得控除を受けないまま、税金を支払うことになるわけです。多くの税金が天引きされるので、手取り額が少なくなってしまいます。

もちろん、払いすぎた税金はあとから確定申告で精算できますが、それまで時間も手間もかかることになります。

書類はもれなく提出しましょう。会社からこの書類についての話がないときには、担当者に確認してみてください。

退職金をもらったら、会社から源泉徴収票が発行されます。退職までの給与分の源泉徴収票とは別に受け取ることになります。

税金

1年後の住民税に注意！

在職中、住民税は毎年6月〜翌年5月までの間に天引きされました。納付は会社にお任せですから、あまり気にしたこともなかったかもしれませんね。

このように住民税を給与天引きで会社が納付する方法は**「特別徴収」**、自分で納付する方法は**「普通徴収」**と呼びます。再就職しなければ、今後の住民税は普通徴収が基本になります。

さて、退職したら住民税には要注意です。退職した年と、その翌年はとくに気をつけましょう。

なぜなら、住民税は前年の所得に応じてかかる税金だからです。

再就職して給料が下がっても、あるいは完全にリタイアして収入がゼロでも、退職した翌年は退職前の高い給料をベースに計算されることになります。

「あまりに高い金額でびっくり！　手持ちがなくて払えない」というケースもあります。

住民税は退職から1年後にドーンとやってくると覚えておきましょう。その分をあらかじめストックしておくと慌てずにすみます。

ところで、**退職した時期によって住民税の納め方は変わってきます**。

退職日が1月1日〜5月31日の場合、原則5月31日までの給与や退職金から一括して徴収されます。退職までは特別徴収、退職後は自分で納める普通徴収になります。

一方、退職日が6月1日〜12月31日の場合は、住民税の残りの金額を自分で納める普通徴収が基本です。ただし、会社に申し出れば、退職時に一括して徴収してもらうことも可能です。

このほかにも、転職後の新しい会社で、引き続き給与から天引きする方法があります。これを選ぶときには退職前の会社経由で手続きが必要になるため、早めに会社に申し出てください。

退職後、再就職をするのであれば、いままでと同様に再就職先の会社が給与天引きで住民税を納付してくれます。

再就職しない場合には、住所地の市区町村から納付書が届きますので、自分で納めることになります。

健康保険

健康保険は任意継続ができる

退職して最優先で行いたいのが、**健康保険の切り替え**です。保険証がなければ、全額が自己負担になってしまいます。

真っ先に国民健康保険が思い浮かぶでしょうが、選択肢は1つではありません。家計への負担にも差が出ますから、最も有利なものを選びたいところです。

すぐに再就職をしない、完全にリタイアする、または勤務状況により再就職先の健康保険に加入しないといった場合には、**「任意継続被保険者」**を検討しましょう。

任意継続被保険者は、退職前の健康保険にそのまま継続して加入できる制度です。国民健康保険と比べてどちらが得かは一概にはいえませんが、退職前の給与が高い人（おおよその目安は月給約40万円以上）は任意継続被保険者がお得になるケースが多いです。

国民健康保険は世帯単位で加入する制度で、前年の所得をベースに保険料が決定されます。退職前の高い給与を元に計算されるため、通常かなり高い保険料になります。

一方、任意継続被保険者はそれまで会社が負担していた分も支払うことになり、保険料は在職中の2倍になります。とはいえ、標準報酬月額は最高でも28万円程度となるため、給与の高い人ほど負担が少なくなるわけです。

任意継続被保険者を利用する際には、いくつか注意点があります。

まず、**退職の翌日から20日以内に、自分で手続きを行わなければなりません**。住所地の全国健康保険協会（協会けんぽ）の都道府県支部または健康保険組合に申請をします。手続きの期限が短いので気をつけてください。

なお、申請ができるのは**「資格喪失の前日までに、継続して2ヵ月以上の被保険者期間がある」**という要件を満たした人に限られます。

保険料は全額自己負担、自分で納めます。協会けんぽの場合、保険料は各都道府県によって異なります。ただし、退職時の標準報酬月額が28万円を超えている人は、28万円となります。

毎月10日までに納めることになっており、納められないと資格を失ってしまいます。銀行やコンビニで払えますが、口座振替にしておけば払い忘れの心配がなく安心です。

このように毎月支払う方法のほか、保険料の前納制度もあります。**保険料を事前に一括納付すると、1年で4%割引**になるのです。

預金金利を考えたら、ずいぶんお得ですね。

年度の途中で任意継続被保険者となった場合は、資格を取得した日の翌月分から9月分（または3月分）まで納めることができます。資金面に余裕のある人は前納を活用したほうが有利です。

なかなかメリットの多い任意継続被保険者ですが、残念ながらずっと加入し続けることはできません。継続して加入できる期間は2年間です。

ここで気をつけてほしい点が1つあります。加入は任意であっても、途中で好き勝手にやめることはできないのです。再就職で健康保険に加入する場合などを除き、原則として2年は継続しなければなりません。

1年を経過すれば、だいたい国民健康保険のほうが安くなるものですが、これは悩ましい問題だともいえます。

国民健康保険の保険料は前年の収入に応じて計算されるものの、任意継続被保険者は2年間は固定されます。退職後に大幅な収入ダウンがあったときには、2年目は国民健康保険のほうが安くなるというケースもありうるのです。

メリット・デメリットを考えたうえで、よりよい選択をしてください。

手続きの期限

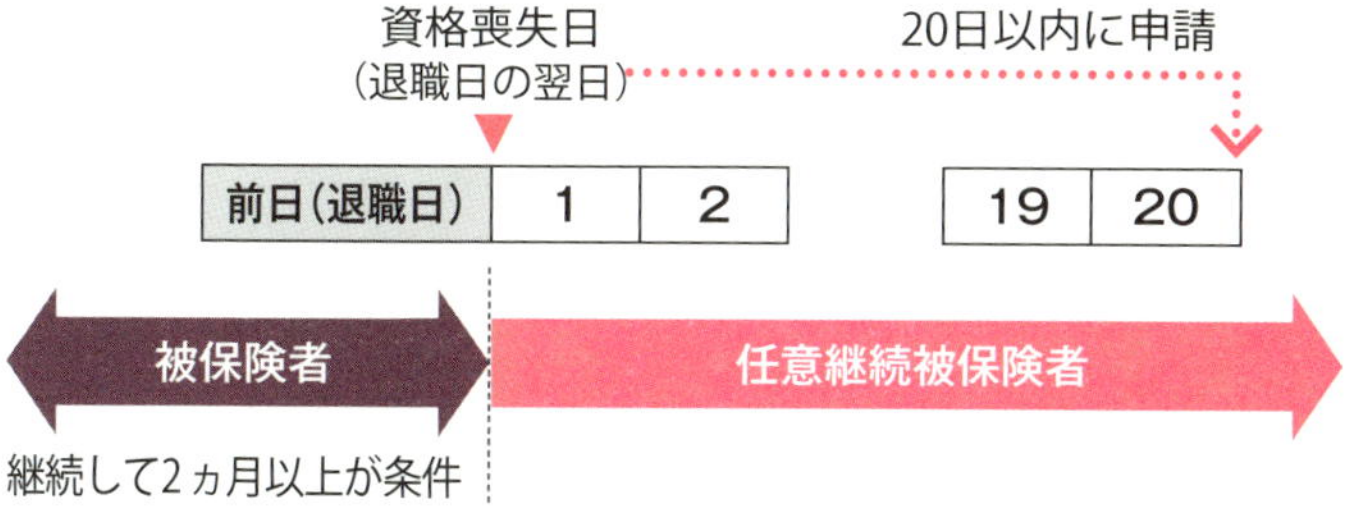

保険料の納付は

納付書による納付
銀行やコンビニで支払う

口座振替
銀行口座からの引き落とし

口座振替は払い忘れを防げる

任意継続被保険者の資格期間

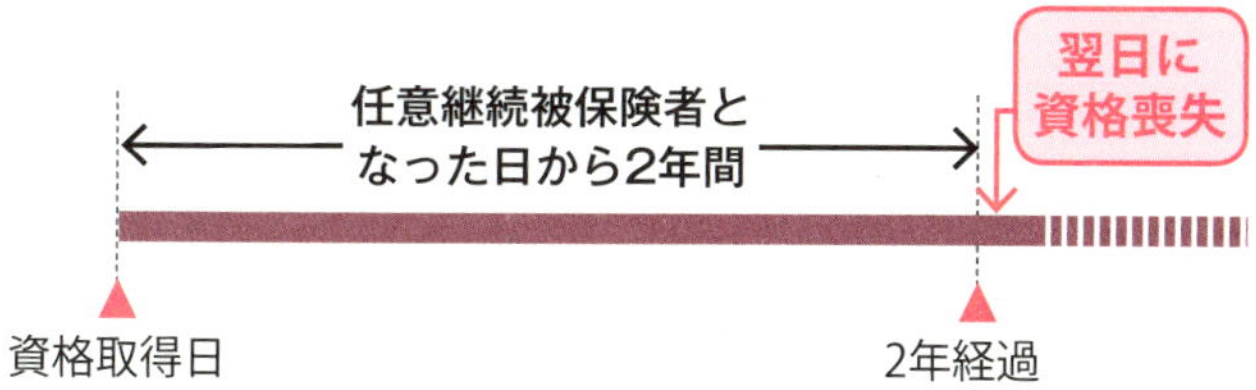

注意：いったん加入したら、途中で脱退や変更はできない。
再就職したとき以外は、２年間継続する。

特例退職者被保険者制度とは

退職時に特定健康保険組合の被保険者であった人は、**特例退職者被保険者制度**を選ぶことも可能です。これは厚生労働省に認可を受けた特定健康保険組合が、市区町村にかわって退職者医療を行うシステムです。とはいえ特定健康保険組合は数が少なく加入条件も厳しいため、実際に利用できる人はかなり限定されているものです。

被保険者だった期間が定められた年数以上あること、老齢厚生年金などの受給権があることが要件となります。医療費の自己負担は原則3割でほかの健康保険と同じですが、一定額を超えた分は払い戻しがあったり、家族療養付加金などの給付が受けられます。

保険料も任意継続被保険者と比べると通常割安です。ただし、通常は年々上がっていくので注意してください。

また、**一度加入すると75歳になるまで脱退はできません**。途中で国民健康保険のほうがお得かなと思っても、変更はきかないのです。国民健康保険と特例退職者被保険者制度、どちらを選ぶかはよく考えて決めましょう。

健康保険

家族の被扶養者になる

どの健康保険を選ぶにせよ、保険料の負担は発生します。ところが、保険料が一切かからない方法もあります。**配偶者や子どもの扶養になる**のです。3親等内の親族であれば扶養に入ることができ、扶養家族が増えても保険料は同じです。

家族への負担もなくオイシイ方法に見えますが、被扶養者になるためには収入面での条件をクリアしなければなりません。

同居の場合は、年収が130万円未満（60歳以上または一定の障害者の場合は180万円未満）で、原則被保険者の収入2分の1未満。

別居の場合は、年収が130万円未満（60歳以上または一定の障害者の場合、180万円未満）で、被保険者からの援助額より少ないこと。

被扶養者になることを希望するなら、退職した翌日から5日以内に被保険者の勤務先へ申し出ます。手続き自体は勤務先が行ってくれます。ちょっと条件が厳しいかもしれませんが、該当する人は検討してみてはいかがでしょう。

傷病手当金の継続

病気やケガで連続して3日以上会社を休み、十分な賃金が得られない場合には、休職4日目から健康保険の**傷病手当金**が出ます。過去12カ月間の標準報酬月額の平均額÷30日×3分の2相当の金額となっていますから、家計にとっては助かるしくみです。

では、もしも病気療養中に退職を迎えるとなったら、傷病手当金はどうなるのでしょうか。健康保険が切り替わるので、傷病手当金も打ち切られてしまうと不安に思うかもしれません。

ですが、ご安心ください。退職時に傷病手当金を受けていた人は、引き続き給付を受けることができます。

傷病手当金を継続するためには、退職する日までに継続して1年以上、健康保険に加入していたことが条件になります。継続して1年となっていますが、必ずしも同一の会社でなくても大丈夫です。

たとえば、いまの会社は10ヵ月しか加入期間がないとしても、前の会社で半年の加入期間があれば合計して1年以上と見なされます。ただし、転職した際に少しでも空白期間があると、1年未満となってしまうので注意してください。

また、健康保険の資格を喪失する日までに傷病手当金を受けているか、または受け取る状態にあることも条件です。

すでに傷病手当金をもらっている人は問題ありませんが、気をつけたいのは退職間際に休んだとき。退職日が休職4日目に当たれば支給の対象になりますが、3日目だと対象にはなりません。

最初の3日は待機期間です。退職する日までに待機を終え、給付の条件を満たした状況になっている必要があります。

こうした条件をクリアすれば、支給開始日から最大で1年6ヵ月は傷病手当金が受けられます。

ちなみに、老齢厚生年金などの公的年金を受給する年齢になると、傷病手当金は支給されません。とはいえ、年金額の360分の1が傷病手当金の日額を下回る場合は、差額分が傷病手当金として支払われます。

高額療養費制度は心強い味方

年齢が上がるにつれ、病院のお世話になる機会が増えてくるはずです。そうなると心配になるのが医療費。手術や入院をしたら、あるいは治療が長引いたら、家計への負担も大きくなります。近ごろは定年を迎える年齢でも入れる民間の医療保険などもありますが、じつは公的な健康保険にも手厚い保障が用意されています。

窓口で支払う医療費の自己負担は基本的に3割です。それでも、場合によってはかなり高額になってしまいます。こういうときには**「高額療養費制度」**を活用しましょう。

高額療養費制度は、定められた自己負担の上限を超えて支払った医療費が払い戻されるしくみです。自己負担の上限額は、収入によって計算が変わります。

たとえば、標準報酬月額が28万円以上58万円未満の人が、1ヵ月に100万円の医療費を払ったとしましょう。しかし、高額療養費を利用すると、実質な負担は9万円程度ですむのです。家計にとっては大きな助けとなります。

また、高額療養費は家族の分を合算できます。同一世帯で1ヵ月に2万1000円以上

■高額療養費の自己負担（1カ月の医療費100万円の場合）

所得区分	自己負担の上限額	1ヵ月当たりの自己負担限度額	多数該当
区分ア 年収約1,160万円以上（標準報酬月額83万円以上）	252,600円＋（医療費－842,000円）×1％	254,180円	140,100円
区分イ 年収約770万～1,160万円（標準報酬月額53万～79万円）	167,400円＋（医療費－558,000円）×1％	171,820円	93,000円
区分ウ 年収約370万～770万円（標準報酬月額28万～50万円）	80,100円＋（医療費－267,000円）×1％	87,430円	44,400円
区分エ 年収約370万円以下（標準報酬月額26万円以下）	57,600円	57,600円	44,400円
区分オ 低所得者（住民税非課税）	35,400円	35,400円	24,600円

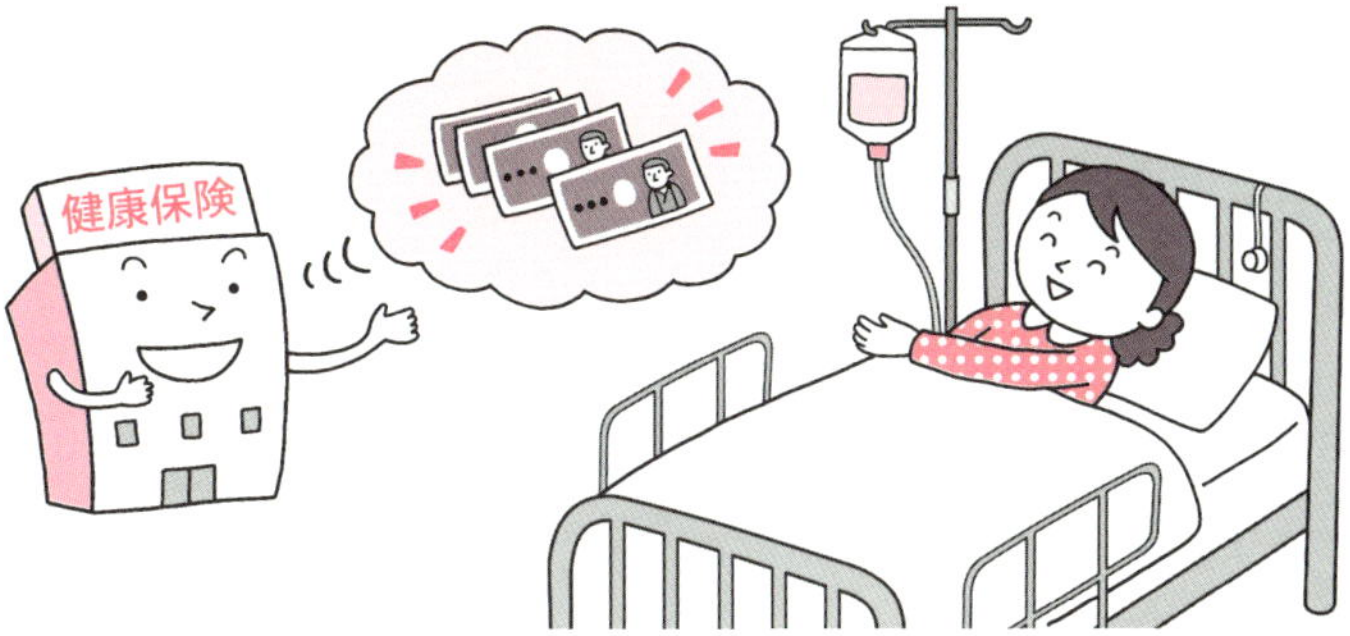

（70歳以上は自己負担額））の医療費を払った人が複数いれば、それを合計して上限額を超えた分が返ってきます。

さらに、1年間に高額療養費の支給が何度もある場合は、4回目から上限が引き下げられます。つまり、同じ金額を支払ったとしても、払い戻される分が多くなるわけです（多数該当）。

とはいえ、**高額療養費は通常申請しないと受けられません**。国民健康保険は市区町村役場に、その他は各自が所属する健康保険の組合や支部へ申請書を提出します。2年で時効になるので注意してください。対象となるのは保険診療のみで、差額ベッド代や先進医療などは含まれません。

高額療養費は1ヵ月にかかった医療費を元に計算します。ただし、これは暦の上での1ヵ月を差し、その月の1日～末日までになります。ですから、月末から翌月始めにかけて治療を受けたときには、それぞれが上限を超えずに負担が重くなるケースも出てきます。もし、入院日などを選べるのであれば、ひと月にまとめられる日程にしてもらいましょう。

ところで、高額療養費は申請から数ヵ月後に払い戻されるため、一時的に大きな負担を強いられることになります。あとで戻ってくるとはいえ、多額の出費はきついときもある

■高額療養費のしくみ

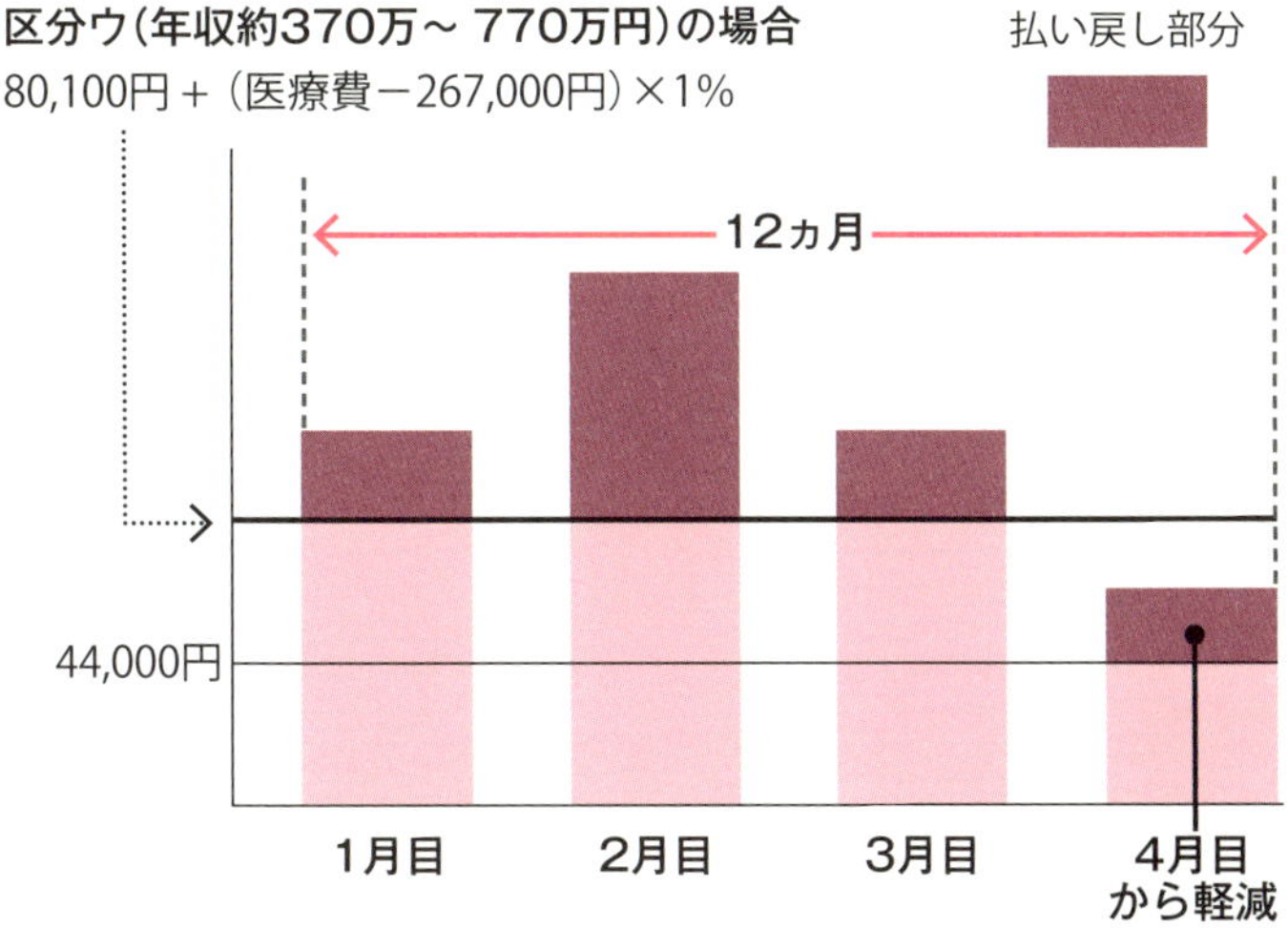

でしょう。

しかし、**「限度額適用認定証」**を使えば、こうした心配もなくなります。あらかじめ病院の窓口に限度額適用認定証を提出しておくと、窓口での支払いが上限を超えることはありません。

高額療養費制度は退職者だけでなく、もちろん現役世代も使えます。医療費が嵩んだ際には賢く利用したい制度です。

なお、平成29年8月1日から70歳以上の窓口負担の上限額が引き上げられました。

年収が370万円以上は5万7600円に、156万～370万円の人は1万4000円になり、2018年再び引き上げが予定されています。

年金

年金のしくみ

これから先、生活の支えとなる年金。受給が始まる前に、公的年金のしくみを把握しておきましょう。

20歳以上60歳未満の人はすべて国民年金の加入者です。40年という長きにわたって年金保険料を納めた末に、満額の年金が支給されます。この間に**ひと月でも未納の月があると、満額にはなりません**。

国民年金から受け取る年金を**老齢基礎年金**といいます。

そして、一般企業に就職した場合は、勤めると同時に**厚生年金**にも加入します。

こちらは国民年金とは違い、加入期間は人によって異なります。就職や退職の時期はそれぞれ差があるでしょうし、2～3ヵ月の間を置いて転職したという人はその間は厚生年金からはずれます。

厚生年金からは加入していた期間の報酬と加入期間に基づいた老齢厚生年金が出ます。

会社員の年金が**「2階建て」**だといわれるのは、1階の国民年金に2階の厚生年金がプ

■年金「2階建て」のしくみ

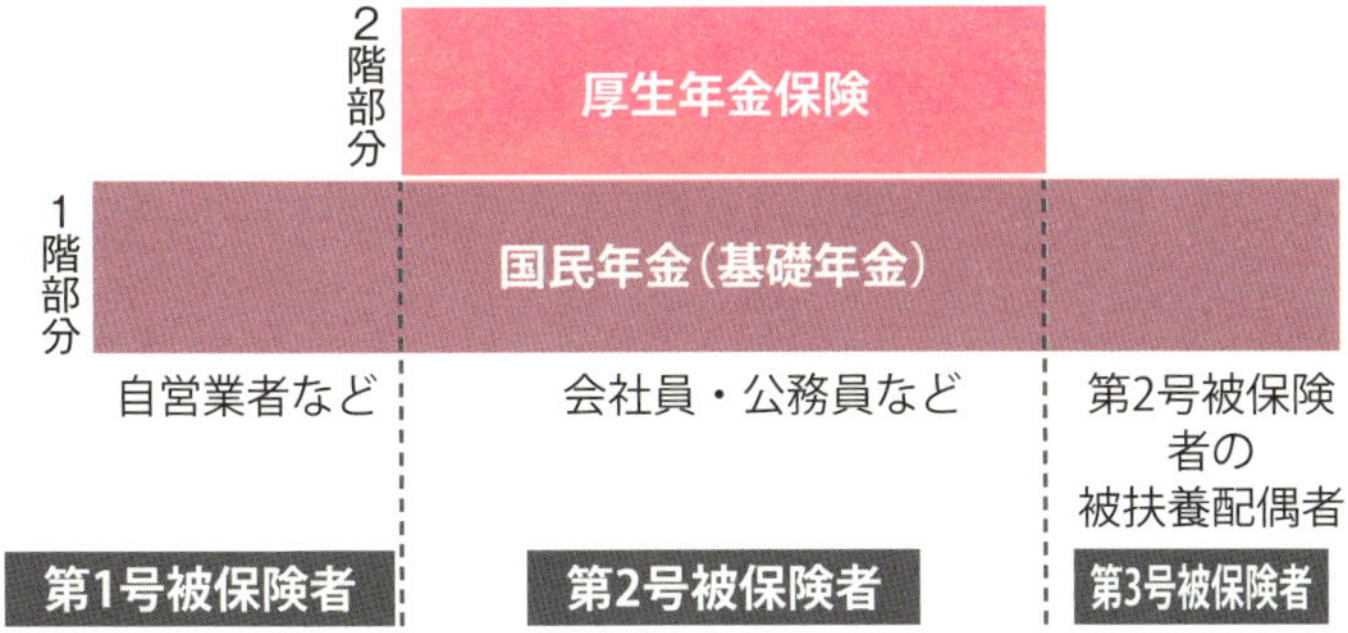

厚生年金保険	会社員や公務員が加入する年金。会社に就職すると、会社が加入手続きをしてくれる
国民年金	自営業者、無職、学生等が加入する年金。日本国内に住む20歳以上60歳未満の人は全員が加入する

ラスされるからです。短期間であっても会社勤めの経験があれば、その分は上乗せされます。

ずっと会社員を続けてきた人は給料から保険料が天引きされますから、滞納や未納の心配はないでしょう。

現在、国民年金は65歳からの支給が原則となっていますが、老齢厚生年金のほうは生まれた年や性別によって支給の開始が異なります。

老齢厚生年金については65歳より前に出る可能性もありますので、調べてみましょう（101ページ参照）。

年金

厚生年金から国民年金へ変更

60歳前に脱サラし、自分で仕事を始めるという人もいるでしょう。こういう人は国民年金の手続きを忘れてはいけません。

20歳以上60歳未満の自営業、自由業、学生、無職などは、国民年金の第1号被保険者に区分されます。**会社勤めをしている間は第2号被保険者ですが、退職したあとは第1号被保険者に変わります**。

退職したら、**「国民年金被保険者種別変更届」**を提出しましょう。この先、60歳までは自分で保険料を払うのです。保険料は16340円（平成30年度）で、支払った保険料は所得控除になります。

変更の手続きは、住所地の市区町村役場の国民年金担当窓口で行います。退職した日から14日以内が期限です。

この種別変更はたいへんに重要だといえます。これを忘れると、65歳からの老齢基礎年金の金額や受給に影響が出てしまうのです。60歳以上での退職や、間を置かずに再就職する場合は、種別変更の手続きは必要ありません。

一方、自分だけでなく、**妻の国民年金にも気をつけてください**。会社員であった間は第3号被保険者でしたが、退職して会社の厚生年金に加入しない場合は、やはり第1号被保険者となります。

とくに、妻が年下である人は注意が必要です。自分が60歳以上で手続きが不要だとなると、つい妻の手続きを忘れがちになります。妻はまだ国民年金の被保険者です。60歳までは国民年金に自分で加入しなければなりません。

種別変更の手続きを行わないとどうなるかといえば、その期間は保険料が未納の扱いになってしまいます。年金に入っていたつもりが、じつは……というケースはけっこう多いものです。

未納のあるなしは将来の年金額に確実に影響が出ますので、しっかり手続きを行いましょう。

手続きは市区町村、または最寄りの年金事務所でできます。手続きの際には、本人確認書類、会社からの資格喪失証明書、年金手帳、印鑑などを用意してください。

■国民年金の種別の変更

・再就職しない場合　退職した日から14日以内に届け出

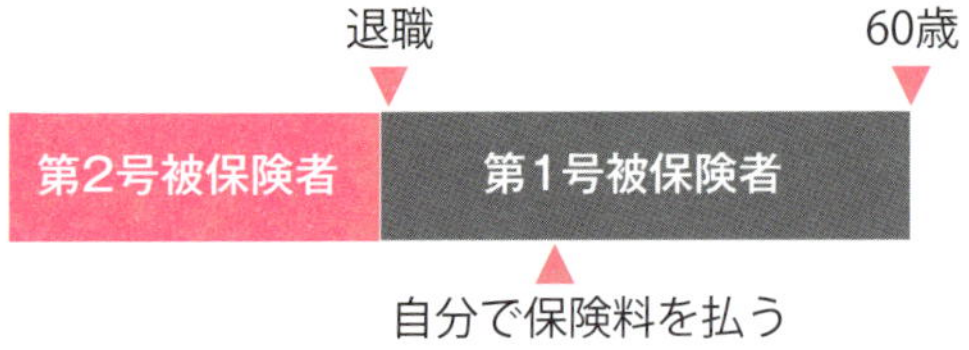

・再就職した場合

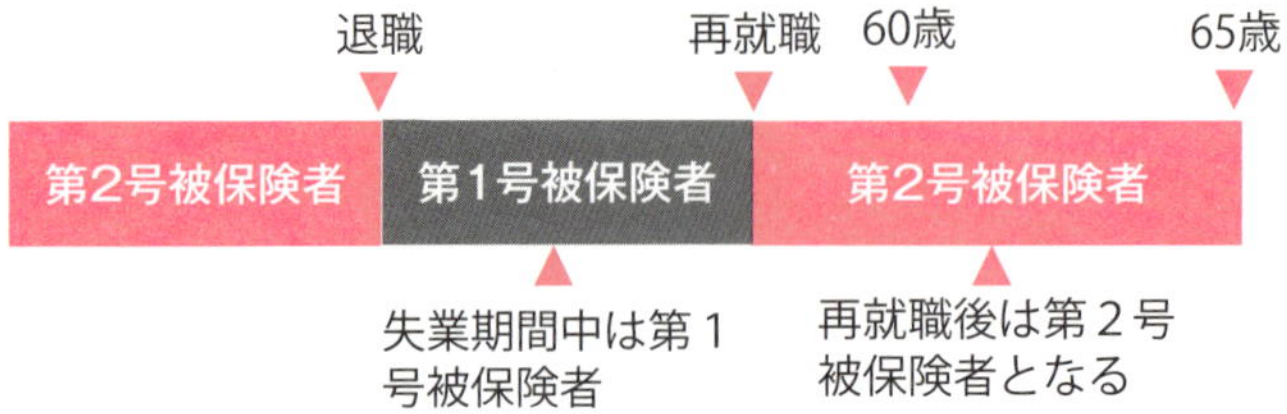

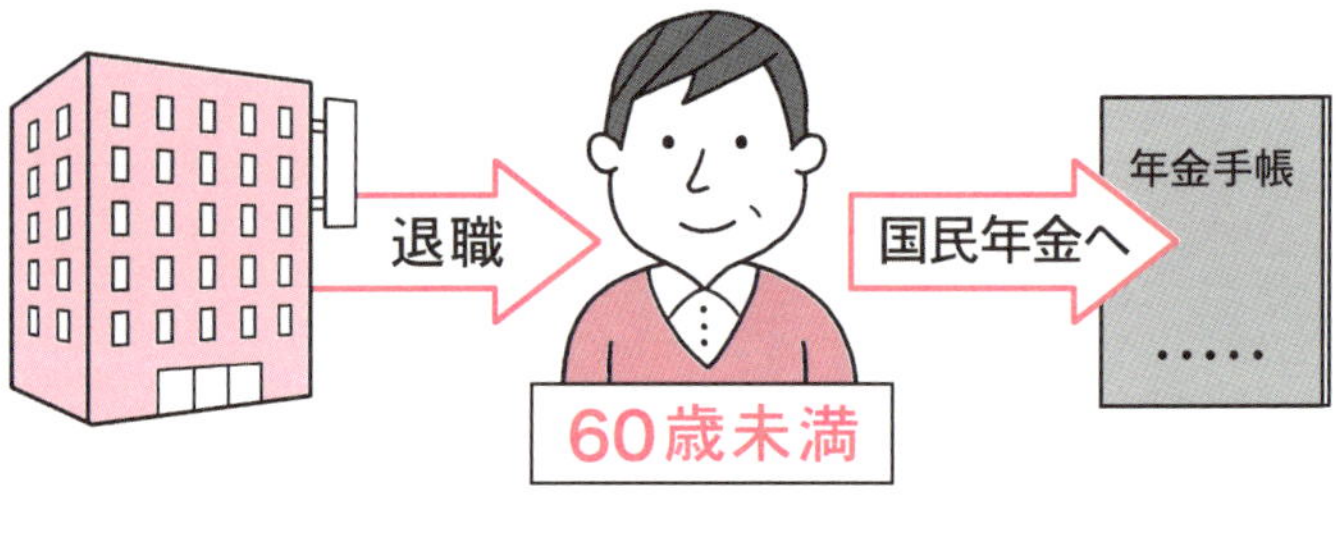

年金

妻の国民年金には気をつけて

自分の定年にまつわる諸々に気を取られ、うっかり忘れがちになるのが配偶者の年金手続きです。とくに、**配偶者が専業主婦（専業主夫）であった場合は要注意。**ここでは妻を例として話を進めていきましょう。

国民年金の被保険者は、第1号被保険者、第2号被保険者、第3号被保険者の3種類に分けられます。

会社員や公務員は第2号被保険者に当たります。厚生年金、または共済組合に加入している人を指すわけです。

この第2号被保険者に扶養されている妻は、第3号被保険者にカテゴライズされます。そして、第3号被保険者は自分で年金保険料を納めなくても、受給の資格を得られることになっています。

しかし、「定年後もすぐに再就職するから、妻は第3号被保険者のまま。手続きは不要だな」と、安心してはいけません。

たしかに、現在も再就職後も専業主婦の立場は変わらずに**第3号被保険者**です。ただし、**第3号被保険者の届け出は自動的には移行されず、会社が変わるたびに勤務先へ提出しなければならない**のです。

この手続きを忘れると、妻の保険料が「未納」の状態になってしまいます。いったん退職し、しばらく間を置いて再就職するようなときは、さらにこまめな対応が必要になります。退職時に第1号被保険者へと変更し、再就職する際に再び第3号被保険者の届け出を行います。

ちょっと面倒ではありますが、将来の年金受け取り額に関わる話ですから忘れないようにしてください。

とはいえ、うっかりミスは起こるもの。そういう際の救済措置もあります。救済措置を受けるためには、所轄の年金事務所に**「時効消滅不整合期間に係る特定期間該当届」**を提出します。そうすると、2年以上前に遡って未納期間を受給資格期間と見なしてもらうことが可能です。

定年前後にはやらなければならないことが目白押しですが、漏れのないように心がけたいものです。

■配偶者が専業主婦の場合

・再就職したとき

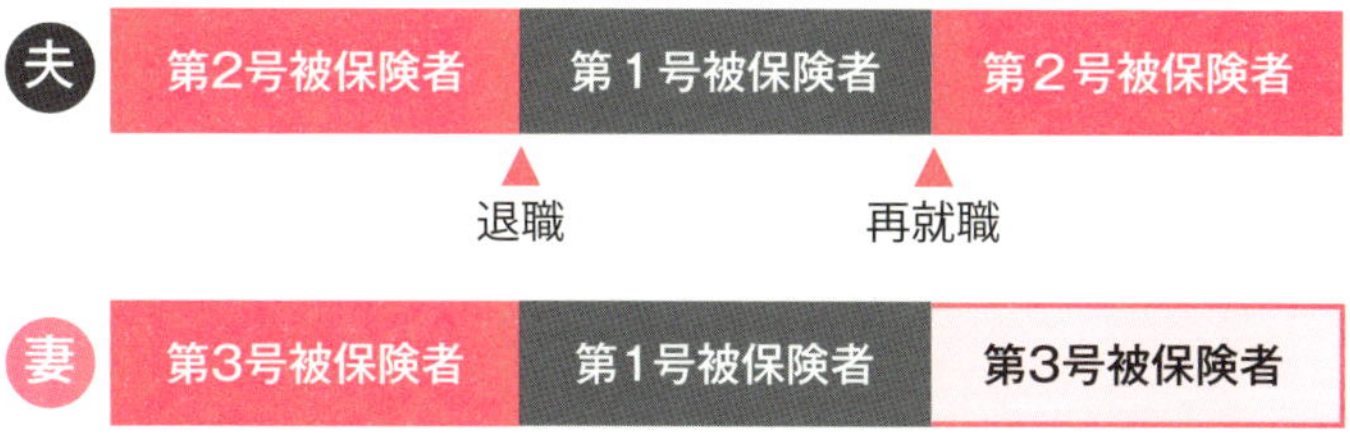

夫が会社を退職し、短期間のウチに再就職。夫は「第２号」→「第１号」→「第２号」となり専業主婦の妻は「第３号」→「第１号」→「第３号」となる。再就職の際には、妻の第３号被保険者の届け出も必要。

・リタイアしたとき

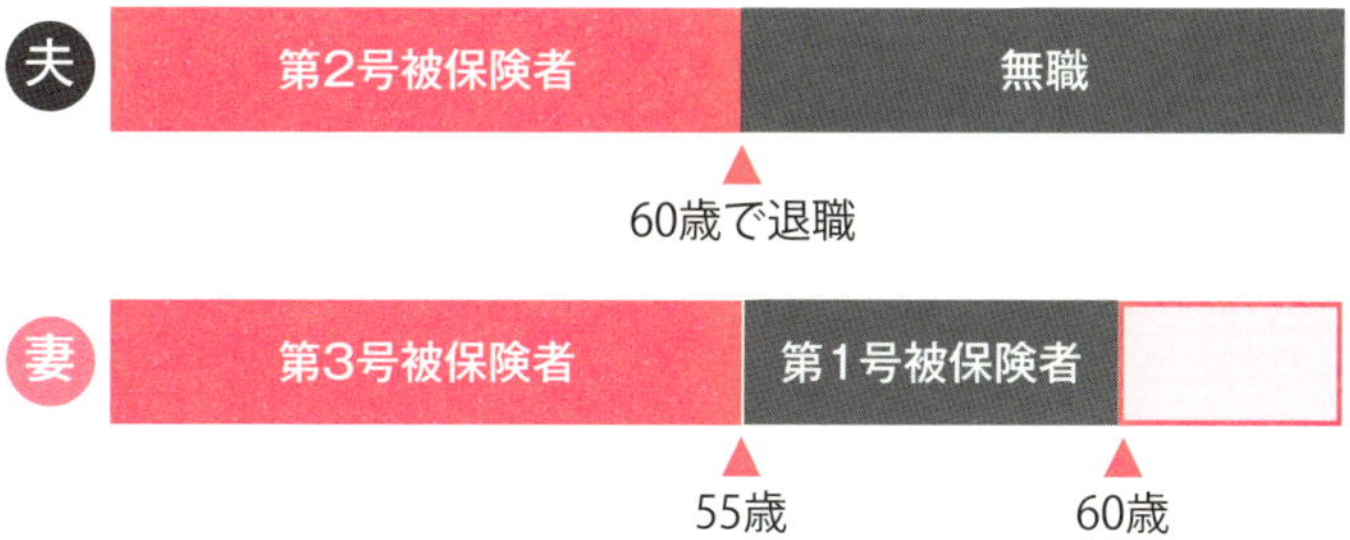

夫が再就職をしないなら、妻は60歳になるまで第１号被保険者。保険料を支払う。

企業年金がある人は3階建て

会社員の年金は基本的に2階建てですが、人によっては**3階建て**になるケースもあります。３階部分となるのは企業年金です。

企業年金は企業が独自に行っているもので、受け取る年金がさらに上乗せされます。企業年金を受けるためには、加入機関ごとに手続きが必要です。ただ、それぞれの企業で状況が異なっているため、各自で確認をしてください。

請求については、支給開始年齢到達月に、登録住所に**「企業年金連合会老齢年金裁定請求書」**と**「年金の請求手続きについてのご案内」**が送られてきます。住所変更を届け出ていない場合や、これから引っ越しをする予定がある場合は、変更手続きを忘れずにしましょう。

ちなみに、**一括で受け取ると退職所得控除を超える金額になることもあり、多くの税金がかかってしまいます**。年金形式で受け取る方法もありますので、担当者に相談をしてみましょう。

年金

任意加入で満額受給を目指す

これまで老齢基礎年金を受け取るためには、国民年金へ加入した期間が25年以上あることが最低条件でした。これを満たさない限り、年金はゼロだったのです。

しかし、国民年金法などが一部改正され、**平成29年8月1日からは加入期間が10年あれば受給資格を得られる**ようになりました。期間が短縮されたことにより、多くの人に年金への門戸が開かれたといえます。

とはいえ、これは受給資格が緩和されたという話。加入した年数によって年金額は変わり、**満額の年金をもらうには40年の加入期間が必要**です。60歳前に保険料の免除や未納がある場合には、満額は支給されないことになります。

「あと2年で加入期間が40年になったのに……」などという人は、ゴールが間近にある分よけいに悔しいでしょう。でも、あきらめるのは早計です。

国民年金の保険料は60歳で納付が終わり、それ以降は加入の義務はありません。ですが、**年金を満額に近づけたいときには、60歳から65歳まで「任意加入」することが**

できます。

前述したように2年足りないのであれば、追加で2年任意加入をすると、満額の年金を受け取れます。

任意加入できる人と加入できる期間は次のとおりです。

- **年金額を増やしたいときは65歳までの間**
- **受給資格期間を満たしていないときは70歳までの間**
- **外国に居住する20歳以上65歳未満の日本人**

あとわずかで10年のラインをクリアできるという人も、ぜひとも任意加入を利用したいものです。こちらは加入期間に少し余裕がありますので、年金受給への道を切り開きましょう。

ただし、**遡って加入することはできません**ので、注意してください。

任意加入の申し込み窓口は住所地の市区町村役所となっており、保険料の納付方法は口座振替が原則です。

リタイア後の年金は少しでも増やしたいところ。40年に満たない人は任意加入を検討してみましょう。

年金

特別支給の厚生年金って何？

公的な年金は、原則として65歳から支給がスタートします。ただ、厚生年金に加入していた人のなかには、65歳より前に一部が支払われる場合もあります。これを**「特別支給の老齢厚生年金」**といいます。厚生年金に1年以上加入した人が対象となり、11ヵ月以下は65歳からの支給です。

もっとも、残念ながら全員が60歳から受け取れるわけではありません。性別と生年月日によって支給の開始は異なり、年齢が若くなるほどスタートは遅くなります。

現在は移行措置の途中で、特別支給の老齢厚生年金は徐々に少なくなっている段階です。**男性は昭和36年4月2日生まれ以降、女性は昭和41年4月2日生まれ以降、公的年金のすべてが65歳からの支給となります**。

自分が何歳で支給を受けられるのか確認しておくといいでしょう。男性と女性では生年月日が同じでもスタートは違いますから注意してください。

しかし、この年齢に達したら、自動的に年金が受け取れると思ったら大間違い。自分で

「年金請求」の手続きを行わないと、年金はもらえません。これは国民年金（老齢基礎年金）の場合も同じです。

必要な書類を整え、年金事務所へ提出してください。その後、日本年金機構から年金証書、裁定通知書が送られてきて、初めて年金の支給となります。

請求できる年齢に達したら請求はいつでも可能です。たとえば、63歳から特別支給の老齢厚生年金が受け取れるとして、請求は翌年でもかまわないのです。

とはいえ、請求を遅らせた場合でも、それまで受け取るはずだった分が支給されるだけで、増額はありません。ここは国民年金の繰下げ受給とは違う点です。受給には時効もありますので、65歳までには請求手続きを終えておきましょう。

特別支給の老齢厚生年金は、加入月数に応じて出る定額部分と、給与に比例して出る報酬比例部分の2つで構成されています。ただし、定額部分を受け取れる人は、いまやごく一部に限られます。

これから退職を迎える男性が手にできるのは報酬比例部分だけです。女性も間もなく同様になります。特別支給の老齢厚生年金にはあまり大きな期待はできません。それを心得て、60代前半の資金計画を立ててください。

■60代前半の年金

生年月日	受けられる年金 60歳	61歳	62歳	63歳	64歳	65歳
男 昭和16・4・1以前 女 昭和21・4・1以前	報酬比例部分 定額部分					老齢厚生年金 老齢基礎年金
男 昭和16・4・2〜昭和18・4・1 女 昭和21・4・2〜昭和23・4・1	報酬比例部分	定額部分				老齢厚生年金 老齢基礎年金
男 昭和18・4・2〜昭和20・4・1 女 昭和23・4・2〜昭和25・4・1	報酬比例部分		定額部分			老齢厚生年金 老齢基礎年金
男 昭和20・4・2〜昭和22・4・1 女 昭和25・4・2〜昭和27・4・1	報酬比例部分			定額部分		老齢厚生年金 老齢基礎年金
男 昭和22・4・2〜昭和24・4・1 女 昭和27・4・2〜昭和29・4・1	報酬比例部分				定額部分	老齢厚生年金 老齢基礎年金
男 昭和24・4・2〜昭和28・4・1 女 昭和29・4・2〜昭和33・4・1	報酬比例部分					老齢厚生年金 老齢基礎年金
男 昭和28・4・2〜昭和30・4・1 女 昭和33・4・2〜昭和35・4・1		報酬比例部分				老齢厚生年金 老齢基礎年金
男 昭和30・4・2〜昭和32・4・1 女 昭和35・4・2〜昭和37・4・1			報酬比例部分			老齢厚生年金 老齢基礎年金
男 昭和32・4・2〜昭和34・4・1 女 昭和37・4・2〜昭和39・4・1				報酬比例部分		老齢厚生年金 老齢基礎年金
男 昭和34・4・2〜昭和36・4・1 女 昭和39・4・2〜昭和41・4・1					報酬比例部分	老齢厚生年金 老齢基礎年金
男 昭和36・4・2以降 女 昭和41・4・2以降						老齢厚生年金 老齢基礎年金

老後資金

確定拠出年金を受け取るときの裏ワザ

いままでせっせと貯めてきた確定拠出年金も、今後は受給する段階に入ります。**確定拠出年金は、60歳から70歳の間に受け取ります**。

ここで重要になってくるのが、受け取り方とタイミングです。これを間違えると損をしてしまいます。

受け取り方には、三つの方法があります。**一時金、年金形式、または一時金と年金の併用**です。

一時金を選択したなら退職所得控除が、年金形式なら公的年金控除が使えます。

また、会社から出るのが退職金です。この退職金と確定拠出年金を同じ年に受け取ると、両方の合計金額が退職金控除になります。もし、翌年以降に確定拠出年金を受け取った場合は、退職金控除の額が少なくなることもあります。

もっとも、退職金の控除額を超えてしまうのであれば、確定拠出年金を年金でもらうほうが有利になります。

年金は、規定に定められた支給期間（5年以上20年以下）で受け取ることができます。配分の方法は金融機関で違いますが、資産を支給期間で等分にした均等方式と、年単位で取り崩しの割合が決められる割合指定方式の2種類があります。

なお、保険商品を選んだ場合は、終身で年金が支給されることもあります。

一時金と年金形式とではどちらが得かですが、これは一概にはいえません。退職金の額やほかの収入といった、それぞれの状況によって異なってくるからです。税理士や税務署などの専門家に相談する必要があるかもしれません。

ただ、一般的には一時金のほうが有利なケースが多いようです。

もしも、退職金の支給額がかなり多く、確定拠出年金と合わせると退職所得控除額をはるかに上回るときは、一時金と年金の併用を検討してもいいでしょう。控除額までは一時金で受け取り、超過分を年金にするわけです。

ところで、受け取りは60歳から70歳であれば、いつでもかまいません。すぐに受け取らない場合は、メリット・デメリットの両方が考えられます。

拠出は60歳で終わりますので、掛け金の控除という節税のメリットはなくなります。しかし、運用を指示することができる**「運用指図者」**になり、運用益に対しては税金の控除があります。

とはいえ、口座を管理するお金は毎年かかってしまいます。国民年金基金連合会の手数料は年間1236円、それに加えて資産管理手数料が必要です。投資信託などを運用しているなら、信託報酬もかかります。

手数料の少ない金融機関で運用しているのであれば、安く抑えることは可能です。それでも、税金の控除がなくなると、手数料のデメリットは大きくなります。定期預金など運用がほとんど期待できない商品だと、運用指図者は資産が減っていくことになってしまうのです。

もちろん、運用がうまくいっていれば、運用益が出ます。手数料を上回る利益を上げているときには、非課税のメリットを活かせるでしょう。

タイミングについては経済の動向にも左右されます。60歳を迎えたころにリーマンショックのようなことが起こると、多大な損失を被る恐れもあります。こういうときは受け取る時期をずらし、市場が回復するのを待つのも手です。

ちなみに、70歳以上は確定拠出年金の口座を持つことができないため、この時点で解約になります。

■控除額を超えたときの裏ワザ

例 勤続30年で、退職金1000万円＋
確定拠出年金1000万円の合計2000万円の場合

退職金控除額
800万円＋70万円×（勤続年数30年－20年）＝1500万円

退職金所得
2000万円－1500万円×1／2＝**250万円**

すべてを一時金で受け取ると250万円が課税される

↓ 解決策

確定拠出年金の500万円を一時金で受け取って、500万円を年金で受け取る。退職金と確定拠出年金の合計は1500万円になり、退職金控除額が1500万円なので、課税されない。

Step 2

まとめ

- 定年にまつわるさまざまな手続きを確認する。
- 年金手帳を手元に準備。
- 年金手帳や雇用保険被保険者証を紛失していたら、再発行の手続きをする。
- 年金手帳の氏名や住所に誤りがあれば、早めに申し出る。
- 退職所得控除や住民税について知っておく。
- 定年後に加入する健康保険を検討する。
- 年金のしくみを把握する。
- 国民年金の種別変更にはとくに注意。
- 会社からの支給品は返却する。

Step 3

定年
2週間前後
の手続き

雇用保険

「離職票」をハローワークに提出

定年はセカンドステージのスタート。まだまだ先は長いですから、60歳以降も働きたい人は多いはずです。

ただ、全員が定年までに再就職先が見つかるとは限りません。または、この先のライフプランを見直しつつ、じっくり就職先を探したいと考える人もいるでしょう。

働く意欲はあっても、まだ就職が決まっていないという人は、雇用保険から**失業等給付（いわゆる失業保険）**をもらうことができます。

もっとも、黙って待っていても給付されるものではなく、手続きが必要です。

会社から離職票を受け取ったら、住所地のハローワークへ行って失業保険の手続きをします。

離職票は1と2があり、氏名や生年月日、直近の給与額、離職理由などが書かれています。内容に間違いがないかどうか確認してください。

離職の理由には**「会社都合」**と**「自己都合」**があります。勤めていた会社が倒産したなどといった場合には会社都合となり、辞表を出してA社からB社に転職したときには自己都合となります。

定年退職は会社ごとの規定によるものですが、理由としては自己都合に区分されます。とはいえ、定年で辞めたことがはっきりしているため、単純に自己都合で辞めたときとは給付の扱いに差が出ます。

ハローワークでは離職票を提出すると同時に、求職の申し込みをします。手続きの際には、次のものを持参してください。

離職票1・2、マイナンバーカードなど個人番号が確認できる書類、身元確認書類（運転免許証、保険証など）、**写真2枚**（正面向きの上半身、縦3センチ×横2・5センチ）、**印鑑、本人名義の普通預金通帳**

窓口では簡単な面接を行い、そのあと受給資格が決定されます。離職理由などに誤りがある場合は、このときに相談しましょう。

窓口の受付時間は、だいたい平日の午前8時半〜午後5時15分となっています。どこのハローワークでも窓口は込んでいることが多いものです。待ち時間があることも見越して、時間には余裕を持って出かけるようにしましょう。

雇用保険

失業等給付の種類

雇用保険には失業だけでなくほかの給付制度もあるものの、やはりメインは失業したときにもらえるお金です。

失業等給付とひとくくりにしていますが、細かく見ていくと**「求職者給付」「就職促進給付」「教育訓練給付」「雇用継続給付」**の４つに分類されます。

さらに求職者給付の中身も、**「基本手当」「技能習得手当」「寄宿手当」「傷病手当」**に分かれています。

一般的な会社員がもらう失業等給付といえば、基本手当になります。ただし、ひとつ条件があります。

基本手当を受給できるのは、離職をする日以前の2年間に、雇用保険に加入した期間が1年以上ある人です。

ここでいう1年とは通算になります。２年の間に会社を変わっていても、あるいは途中で未加入の月があったとしても、合計して1年になれば受給資格が得られます。

雇用保険

基本手当をもらうスケジュール

初めてハローワークを訪れて基本手当の受給資格が決定したら、次は雇用保険に関する説明会が行われます。雇用保険説明会は、求職の申し込みをしてからだいたい1～3週間後を目安に開かれます。持参するものは、雇用保険受給資格のしおり、印鑑、筆記具などです。

これは受給についてのガイダンスではありますが、指定された日時に必ず参加してください。ここで、**受給資格認定証**と**失業認定申告書**が配布されるからです。

受給資格者証には失業認定日がくるたびに、支給期間や金額、支給残日数などが記載されていきます。一方、失業認定申告書はどういう求職活動を行ったかを記入して提出する、いわば報告書になります。

どちらも基本手当を受けるために欠かせない大切な書類です。

このとき、第1回目の失業認定日が知らされます。

その後は4週間に1度のサイクルで失業認定日がやってきます。ハローワークに失業認定申告書と受給資格者証を提出し、そのたびに失業の認定を受けます。

一度手続きをすれば、あとは自動的に更新されるものではないのです。途中で就職する人もいますから、当然といえば当然ですね。

職が見つからない間は、申告→認定→基本手当の支給という流れが、受給の期限まで繰り返されます。

よんどころない事情がない限り、失業認定日には必ずハローワークへ行かなければなりません。ネットや郵送では手続きができず、ハローワークへ出向くことが条件になっています。

もしも指定された失業認定日をすっぽかしたとしたら、どうなるのでしょうか。

とくに罰則は設けられていませんが、次の認定がなされないため、前回に認定を受けた日から4週間分の基本手当は支給されません。受給の期限内であればその分は先送りして支払われるとはいえ、およそ1ヵ月は手にできるものがなくなってしまいます。

ちなみに、就職試験や面接、資格試験の受験、14日以内の病気やケガ、親族の危篤や死亡、本人や親族の結婚といったケースは正当な理由として認められます。どういう事情なら認められるかは、ハローワークに確認しましょう。

基本手当は退職後1カ月後から

基本手当をどのくらいもらえるかは気になるところでしょう。

受給できる1日当たりの金額を**「基本手当日額」**といいます。この基本手当日額は、どのように計算されるのでしょうか。

まず、退職日の直前の6ヵ月に支払われた毎月の給料（賞与は除く）の合計を、180で割ります。その金額のうち、60歳未満は約50〜80％が、60歳〜64歳は約45〜80％が基本手当日額です。

さすがに会社勤めをしていた時代と同じとはいかず、平均すると60〜70％になるケースが多いといえるでしょうか。ちなみに、賃金が低いほど、もらえる金額は高い率になっています。

基本手当日額は年齢ごとに上限額が決められており、**60歳以上65歳未満の場合には、7083円です**（平成30年8月1日現在）。

では、いつから支給が始まるのでしょう。

離職票の提出と求職の申し込みをすれば、受給資格が認められます。しかし、すぐさま基本手当が振り込まれるわけではありません。

最初に認定を受けた日から7日間は、待期期間となっています。待期期間中は誰であっても支給はされないのです。

正当な理由のない自己都合で退職した場合はこの7日間に加え、さらに3ヵ月の給付制限がかかることがあります。定年前に退職する予定の人は、給付がかなり先になりますので注意してください。

定年による退職は自己都合とはなりますが、正当な理由と認められ給付制限はかかりません。

もっとも、「定年退職だから8日目には支給されるんだな」と思うのは早計です。

基本手当は、ハローワークへ出向いた日から数えて、4週間（28日）分が計算されます。つまり、給付制限のない人でも実際に現金が手に入るのは、およそ1ヵ月後になるわけです。

退職金も入った直後とあって、ひと月分の生活費に困るという事態にはならないと思いますが、**基本手当は1ヵ月後から始まる**と覚えておいてください。

■基本手当をもらうまで

例 定年退職により離職した場合

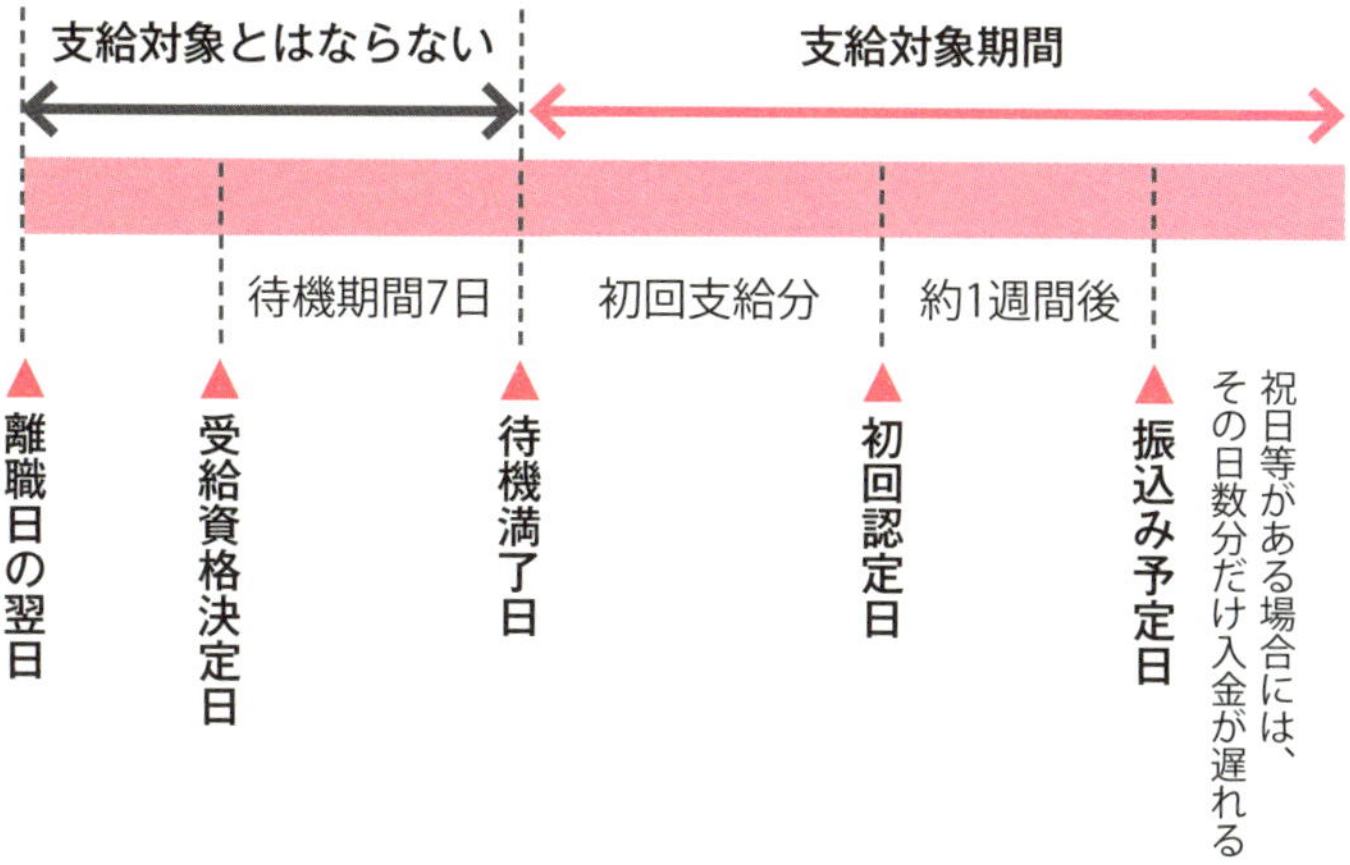

例 自己の都合により離職した場合

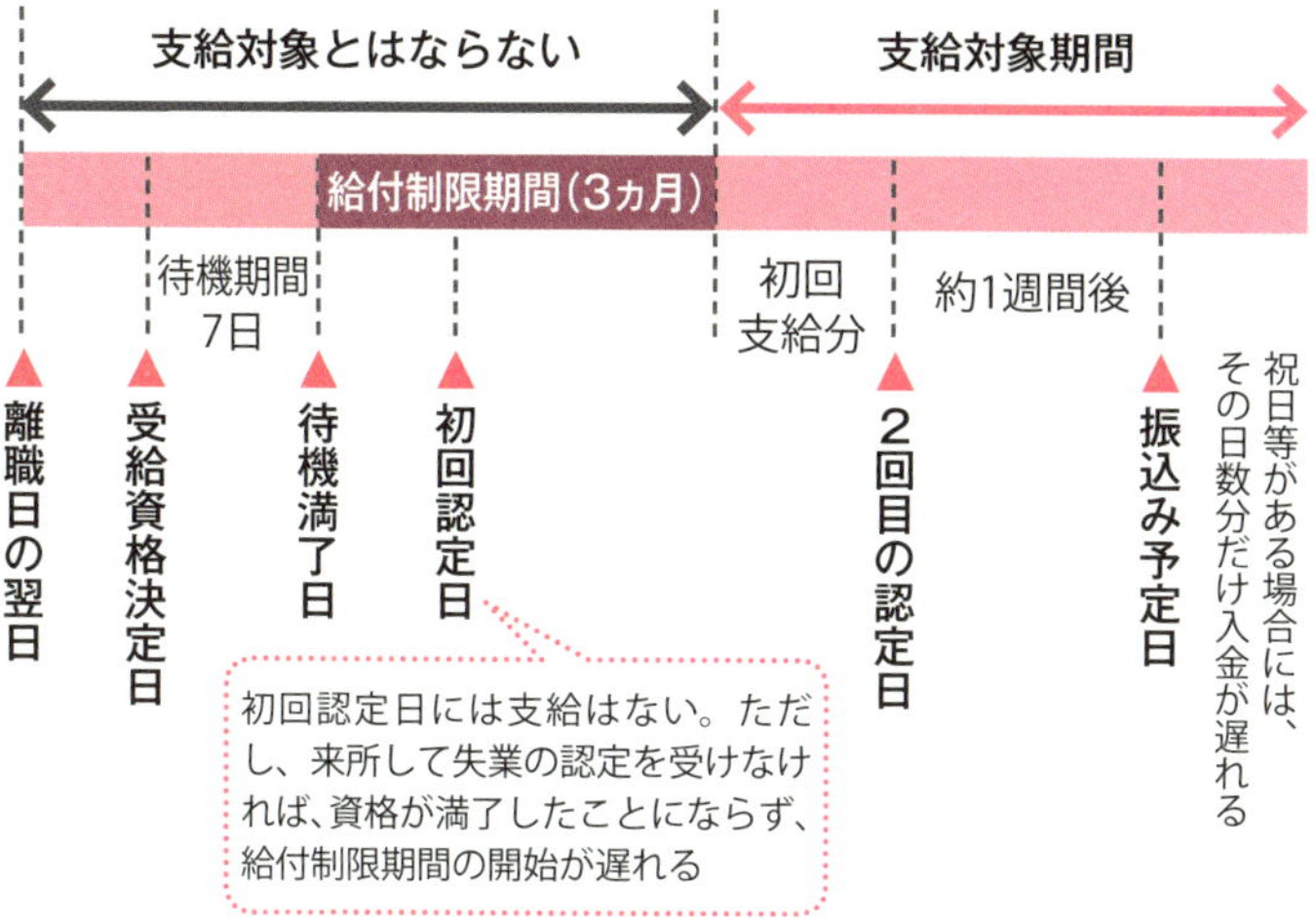

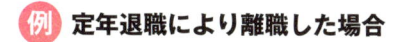

雇用保険

基本手当がもらえる日数は？

基本手当がもらえる日数は、勤続年数（雇用保険の被保険者であった期間）によって異なってきます。**10年未満は90日、10年以上20年未満は120日、20年以上は150日**となっています。

また、受給には有効期限があるので気をつけましょう。**基本手当の受給期間は退職した翌日から1年間**です。これは1年間基本手当がもらえるという話ではなく、1年は受給できる権利があるという意味です。

退職後、いつから求職活動を開始するかはそれぞれの自由です。しかし、受給期間はハローワークで求職の申し込みをした日から、カウントされるわけではありません。たとえ所定の給付日数が残っていたとしても、1年を過ぎたら残りはもらえなくなるので注意してください。

このように受給期間は1年と決められているのですが、病気やケガで求職活動ができない場合には受給期間の延長が可能です。病気やケガが理由で30日以上引き続いて職業に就

■受給期間

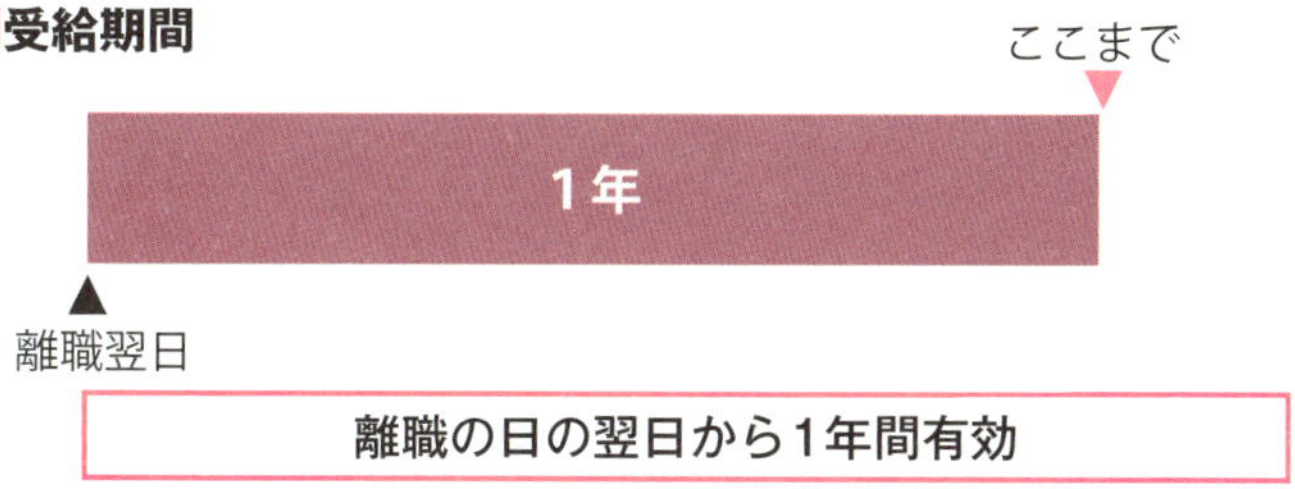

■所定給付日数150日の例

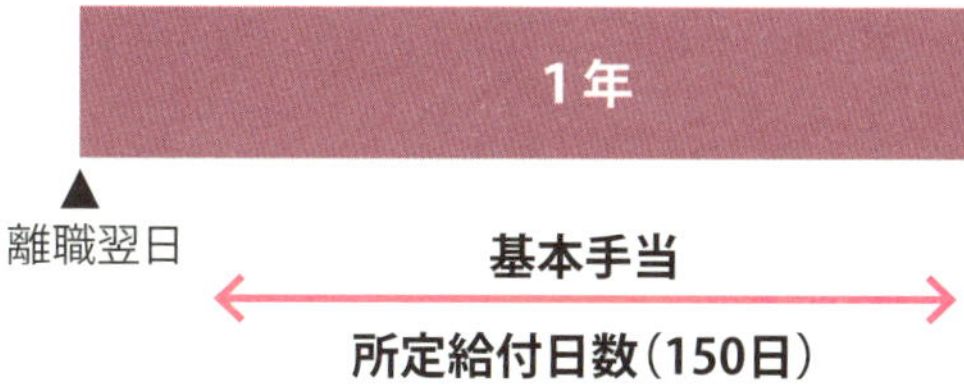

受給資格を得ると、1年の間で所定給付日数を限度に、基本手当を受けることができる

■受給期間を過ぎると…

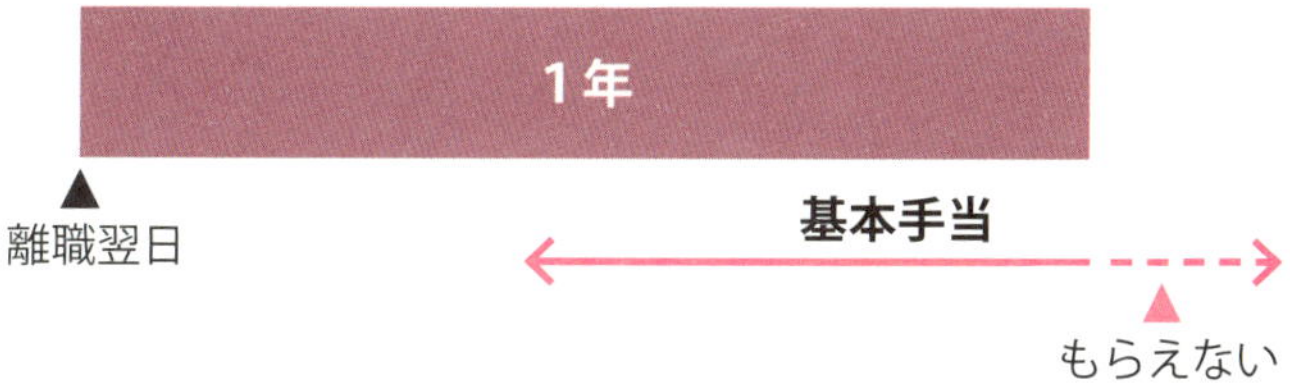

求職の申込みが大幅に遅れると、受給期間を越えた分の基本手当をもらえないこともありえる

くことができないときは、基本手当の受給期間を最大3年まで延長できます。もともとの受給期間と合わせて最長で4年になります。

延長を希望する際は、受給延長申請書、受給資格者証（または離職票）、延長理由を証明する書類をハローワークに提出します。申請は30日以上職業に就けなくなった日の翌日から起算して1ヵ月以内に行います。

求職の申し込みをしたあと、14日以内の病気やケガであれば基本手当が支給されますが、15日以上職業に就けない場合は基本手当を受けることができません。そのかわりに傷病手当が支給されます。金額は基本手当の日額と同額です。

受給期間を延長したあとにその延長理由と同様の理由で傷病手当を申請した場合には、受給期間の延長がないものとされ、支給できる日数が限度となります。

ちなみに、60歳以上で定年退職し、しばらくインターバルを置いてから求職活動をしたいという人もいるかもしれません。こういうときは申し出をすれば、**1年を限度に受給期間の延長ができます**。最大で2年の受給期間が認められるわけです。

手続きは退職した翌日から2ヵ月以内となっています。ただ、**65歳以上で離職した人には延長が認められていません**。

積極的な就職活動を求められる

基本手当は失業している人がもらえる給付金です。

ここでいう失業とは、働く意思と能力があるにも関わらず、仕事が見つからない状態を指します。したがって、失業の認定を受けるためには求職活動をしなければなりません。

具体的にいうと、前回の失業認定日から今回の認定日までの間に、最低でも2回は求職活動を行った実績が必要になります。

たとえば、企業に履歴書を送ったり、面接を受けたりすれば、求職活動と見なされます。あるいは、ハローワークや民間機関が行う職業相談やセミナーに参加する、再就職に役立つ資格試験を受けるなども、求職活動に含まれます。

どんな活動を行ったかについては、失業認定申告書の「3」の欄に記入します。

一方、新聞やネットで求人情報を探したとか、知人に就職の斡旋を依頼したといったケースもあるでしょう。本人にとってはこれらも求職活動の一部といえるのですが、残念ながら申告書では認められていません。

雇用保険

教育訓練給付でスキルアップ

雇用保険の給付は失業保険だけではありません。

再就職する前にスキルアップを目指すなら、**「教育訓練給付金」**制度はぜひ使ってほしい制度です。これは厚生労働大臣が指定した講座を受講した場合、受講料の一部が支給されるしくみです。

語学、宅建、簿記、ファイナンシャル・プランナー、社会保険労務士など多岐にわたっていますので、資格を取りたい人は受講前に調べてみましょう。専門学校や予備校、通信講座と、学ぶ手段もいろいろ選べます。

雇用保険に1年以上加入した経験がある人が対象で、前回から3年以上経過していれば複数回の受給も可能です。

教育訓練給付には、一般教育訓練と専門実践教育訓練の2つがあります。

一般教育訓練は支払った受講料の20％（支給上限10万円）が、専門実践教育訓練は支払った受講料の40％（支給上限32万円）がフォローしてもらえます。

教育訓練給付金は、離職した翌日から1年以内に受講をスタートしたものに支払われます。あくまでもスタートが1年以内ですから、終了する時期は1年を超えていても大丈夫です。

ただ、この1年の間に連続して30日以上、受講を開始できない事情が発生したときには対象期間の延長が認められています。主な理由としては、妊娠、出産、育児、病気、ケガなどがあげられます。

これまで延長できる期間は最大で4年だったのですが、ここが大幅に改正されました。**平成30年1月1日からは、なんと最大で20年まで延長が可能**になります。教育訓練給付金を受けられる可能性が、かなりアップするといえるでしょう。

申請に必要な書類は、**受給期間・職業訓練給付適用対象期間・高齢雇用継続給付金延長申請書**と、**延長理由を証明できる書類（医師の診断書など）**です。

本人がハローワークへ出向くほか、郵送や代理人による申請も受けつけています。ただし、代理人の場合は委任状を用意してください。

なお、延長理由が終了したあとは、当初の1年に受講を開始できなかった日数をプラスした分が対象期間となります。

公共職業訓練はメリットが豊富

スキルアップしたいなら、「公共職業訓練」という制度もあります。

ハローワークでは職業相談を行います。その際、再就職のために公共職業訓練を受講する必要があると認められた場合は、ハローワークが訓練の受講を指示することがあります。

この指示に従って受ける公共職業訓練はメリットが豊富です。

訓練期間中に基本手当の所定給付日数が終了しても、訓練が終わるまでは引き続き支給されます。**受講は無料で**（テキスト代などは別途かかる）、**「受講手当」や「通所手当」が出る**のです。

受講手当は、基本手当ての支給対象日のうち、公共職業訓練を受けた日に支給され、日額500円（上限額2万円）です。

通所手当は、いわゆる交通費。訓練施設へ通うために交通機関や自動車を利用したら、日割りで支給されます（最高で4万2500円）。

また、公共職業訓練を受けるために、家族と別居して暮らす必要があるときには**寄宿手**

当も出ます。月額1万7００円が、寄宿していた日割りで支給されます。**「公共職業訓練受講届」「公共職業訓練等通所届」**に受給資格者証を添えて、ハローワークへ提出してください。

公共職業訓練には、国（独立行政法人　高齢・障害・求職者支援機構）が実施するものと各都道府県が実施するものとがあり、都道府県が行う職業訓練には民間教育機関に委託した訓練もあります。

期間はおおむね３ヵ月〜1年。受講課目は金属加工科、電気設備科、自動車整備科、木工科、造園科、介護サービス科、情報処理科など多様なので、新たなスキルを身につけることも可能です。

ただし、人気のコースは定員オーバーになりやすく、必ずしも希望した訓練を受けられないケースも出てきます。

お金をもらいながらスキルアップを望めるのであれば、基本手当の終了間際に駆け込みで受講しようと考えるかもしれません。とはいえ、そうそう都合よくはいかないもの。

訓練の受講指示は、基本手当の給付日数内の残存日数が一定以上ある時点で行うこととなっていますので注意が必要です。**受講できる時期をあらかじめ確認**しておきましょう。

雇用保険

絶対にダメ！　不正受給

4週間に一度、失業の認定を受けるわけですが、この間の活動は自己申告になります。だからといって、申告内容を偽ったり、ごまかしたりしてはいけません。

たとえば、1~2日程度のアルバイトや内職をしたとしましょう。単発の仕事ですから正式な職に就いたとはいえませんが、わずかでも収入を得たら失業認定申告書にきちんと記載します。

このとき、金額によっては基本手当を減額されるケースもあります。しかし、満額を受け取りたいと思って金額を少なめに申告したり、働いたこと自体を伏せたりすれば、不正受給と見なされます。

もちろん、就職したことを隠しているのはもってのほか。研修期間で収入がないとしても、申告はします。

求職活動をしていないにも関わらず、活動したと報告するのもご法度です。**ハローワークでは提出された失業認定申告書のうち、一定の割合で応募先企業に確認をしています。**

報告と食い違ったら、即座にアウトです。

ちなみに、**不正と判断されるのは、働いて得た収入を申告しなかった場合**です。したがって、フリーマーケットなどで家財や洋服を売り、現金を得たといったケースは申告しなくて大丈夫です。

「バレなければ平気でしょ」と甘く考えてはいけません。

不正が発覚した場合には、厳しい処分が待っています。不正受給した分の3倍を返すことになり、さらにそれ以後の支給はなくなります。小さな嘘で得をしたつもりが、手痛いしっぺ返しを食うわけです。

ところで、基本手当は就職先を探している人に与えられるものなので、**病気やケガで求職活動ができなくなったときにも申告**をしなければなりません。そのまま基本手当を受け取っていると、不正受給に当たります。

もっとも、療養が長期にわたるのであれば、受給期間の延長ができます。また、傷病手当を受給することも可能ですが、傷病手当を受けた日数分は基本手当の支給日数から差し引かれます。

いずれにしろ、正しい申告を心がけてください。

Step 3
まとめ

- 基本手当をもらう流れを把握する。
- 離職票を受け取ったら、ハローワークで求職の申し込みをする。
- 4週間に一度のサイクルで失業の認定を受け、基本手当を受け取る。
- 基本手当の受給期間は離職の翌日から1年間。
- 60歳未満で退職してすぐに再就職しないときは、国民年金の種別変更が必要。
- すべての手続きには期限があるので、遅れないようにすませること。

Step 4

60〜65歳まで働く場合

雇用保険

早めに就職した人には再就職手当がある

再就職をすれば、所定の給付日数が残っていても基本手当の受給はストップします。基本手当は正当な権利ですから、もちろん全部をもらってから再就職してもかまいません。

しかし、「再就職が早ければ早いほど、もらい残しが多くなって損をする」という考え方は少々違っています。じつは、早めに就職を決めた人には、別な形のフォローがあります。それが**再就職手当**です。基本手当を受給している人が安定した職業に就いたとき、すなわち正社員になった場合にもらえる給付です。

再就職手当を受けるには次の要件を満たす必要があります。

- 就職した前日に、基本手当の支給残日数が所定給付日数の3分の1以上あること。
- 1年を超えて雇用されることが確実であること。
- 待期期間を過ぎてから就職していること。
- 3ヵ月の給付制限がかかっている人は、待期期間のあと1ヵ月はハローワークか民間の職業紹介事業者の紹介で就職したこと。
・前に離職した事業所や関連会社への就職でないこと。
・原則として、雇用保険の被保険者になっていること。
・過去3年以内に再就職手当、または常用就職支度手当を受けていないこと。
・受給資格が認定される前から採用の内定が決まっていないこと。

では、再就職手当の金額はどのくらいになるのでしょう。

支給残日数が3分の2以上の場合は残りの70％が、3分の1以上の場合は60％が一時金として支払われます。平成29年1月1日から、それぞれ10％ずつ給付率が増えました。再就職手当は、早期の再就職を促進するための発奮剤。早く再就職するほど、給付率が高くなるしくみになっています。支給の申請書は、就職した翌日から1ヵ月以内にハローワークへ提出します。代理人や郵送での申請も可能です。

ところで、再就職したものの、すぐに離職するという事態が起こるかもしれません。こういう人は、再就職手当を差し引いた残日数分の基本手当を受けられる可能性があります。ハローワークで相談してみましょう。

再就職手当の支給申請の方法

再就職手当の支給申請には「再就職手当支給申請書」に受給資格者証が必要。再就職日の翌日から起算して1ヵ月以内に住所地の公共職業安定所に提出する。

再就職手当が支給されるまで

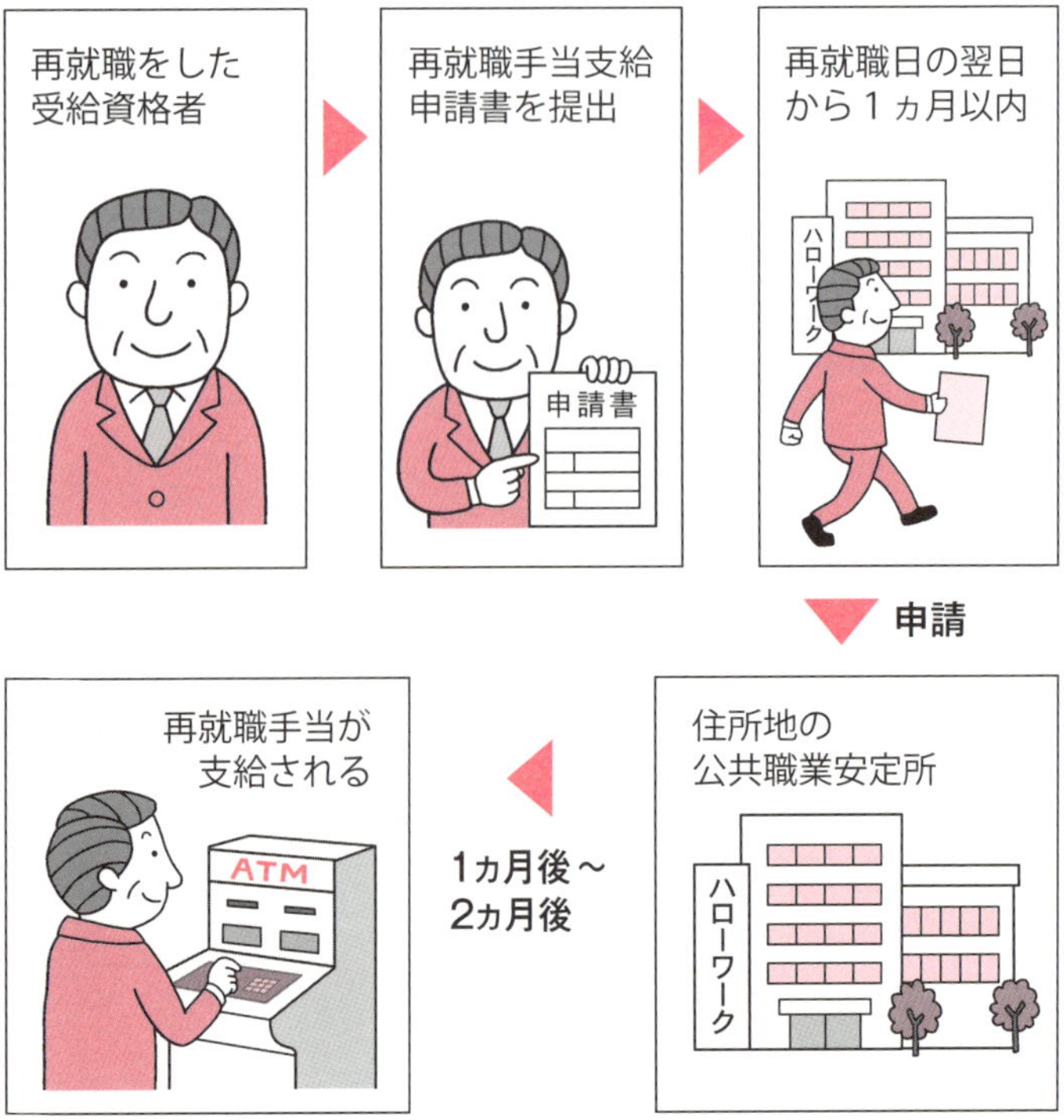

雇用保険

給料が大幅ダウンしたら高年齢雇用継続給付

定年後に再雇用や再就職をすると、退職前より給料が大幅に下がってしまうことがあります。これは家計にとっても大きなダメージでしょう。そんな給料ダウンを補ってくれるうれしい制度が**「高年齢雇用継続給付」**です。

高年齢雇用継続給付には、**「高年齢雇用継続基本給付金」**と**「高年齢再就職給付金」**の2つがあります。両者はほぼ同じなのですが、高年齢雇用継続基本給付金は基本手当をもらわずに雇用を継続した人を対象とし、高年齢再就職給付金は基本手当を受給した人が対象となります。

それぞれを詳しく見ていきましょう。

高年齢雇用継続基本給付金は、60歳時点の賃金と比べて「75％未満に低下」した状態で働き続けるときに支給されます。雇用保険の被保険者だった期間が5年以上あり、60歳以上65歳未満の一般被保険者が対象です。

支給期間は60歳から65歳に達する月までです。ただし、60歳で雇用保険の加入期間が5

年に満たない場合は、5年になった月から給付金の支給対象となります。

申請の手続きは原則として事業主を通して行いますが、自分でハローワークに提出することも可能です。

初回に必要な書類は次のようになります。

- **雇用保険被保険者60歳到達時賃金証明書**
- **高年齢雇用継続給付受給資格確認票**
- **高年齢雇用継続給付支給申請書**
- **被保険者が雇用されていること、賃金状況が確認できる書類**
- **年齢が確認できる官公庁から発行された書類（運転免許証か住民票の写し）**

2回目以降は、高年齢雇用継続給付申請書と、賃金台帳や出勤簿、タイムカードなどです。

一方、**高年齢再就職給付金**は、基本手当の基準となった賃金日額を30倍した額と比べて、75%未満に落ち込んだときに支給されます。

雇用保険の被保険者だった期間が5年以上あり、60歳以上65歳未満の一般被保険者という要件は同じです。

■高年齢雇用継続給付の要件

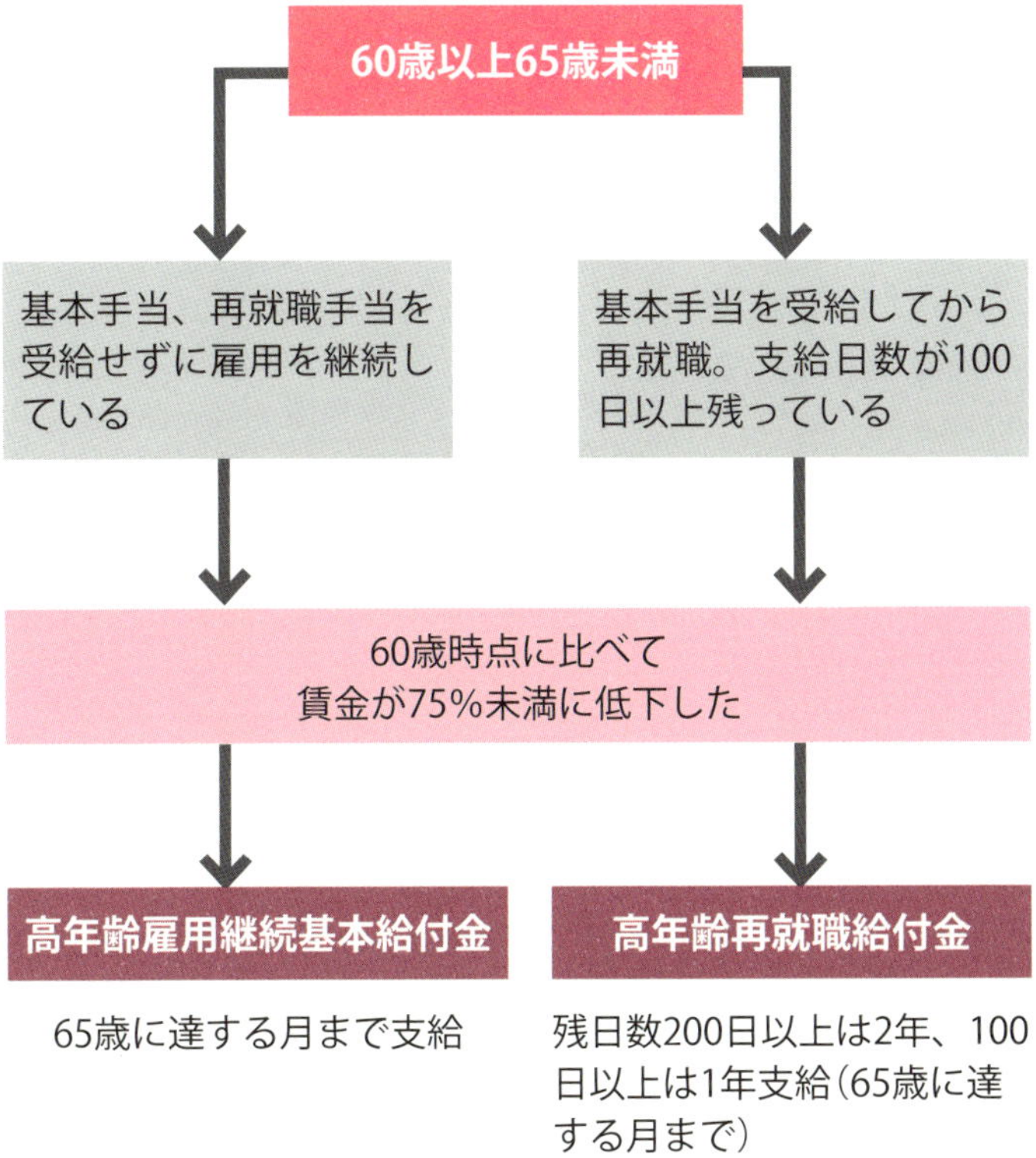
60歳以上65歳未満
基本手当、再就職手当を受給せずに雇用を継続している
基本手当を受給してから再就職。支給日数が100日以上残っている
60歳時点に比べて賃金が75%未満に低下した
高年齢雇用継続基本給付金
高年齢再就職給付金
65歳に達する月まで支給
残日数200日以上は2年、100日以上は1年支給（65歳に達する月まで）

ただし、1年を超えて継続して雇用されることが確実であるという条件がつきます。

支給期間は基本手当の残日数によって異なります。200日以上のときは最大2年、100日以上200日未満のときは1年です。100日を切った人には支給がありません。また、支給期間が残っていても、65歳になった時点で支給は打ち切られます。

ひとつ注意したいのは、**再就職手当と高年齢再就職給付金の両方は受け取れない**点です。どちらか片方を選ぶことになるので、慎重に考えて決めてください。

申請に必要な書類は、高年齢雇用継続給付受給資格確認票と、払渡希望金融機関指定届です。初回はこれらに高年齢雇用継続給付支給申請書がプラスされます。

どちらも支給を受けるためには、2ヵ月に1度、支給申請書を提出します。

高年齢雇用継続給付の支給額ですが、60歳時点の賃金の61%未満に低下した場合は、各月の賃金の15%相当額となります。61%以上75%未満であれば、各月の賃金の15%未満が支給されます。

たとえば、60歳時点の給与が30万円で、再雇用後が18万円にダウンしたとしましょう。60%に低下していますから、18万円の15%となる2万7000円が支給されます。ただし、月額の賃金が35万9899円（毎年8月1日に変更）を超える場合は支給されません。

年金　雇用保険

雇用保険と年金は同時に受け取れない

退職をすれば、雇用保険から失業給付（基本手当）が出ます。長年、給料やボーナスから天引きされていた雇用保険料の恩恵に、やっとあずかれるわけです。

なかには、特別支給の老齢厚生年金を受け取れる年齢に達する人もいるでしょう。

ここで「基本手当と年金がダブルでもらえる！」と喜んだ方、残念ながらそれは間違いです。

特別支給の老齢厚生年金など65歳になるまでの老齢年金と、雇用保険の失業給付は同時に受けることができません。どちらかを選ぶ必要があります。

基本手当の申請は退職後すぐに行いますから、60歳からもらえる年金額と基本手当の額をあらかじめ比較しておきましょう。50歳以上の人は、年金の見込み額を年金事務所で試算してもらったり、ねんきんネットで確認することができます。

ただ、これから退職する人は報酬比例部分のみの年金になるので、基本手当のほうがお得になるケースが多いといえそうです。

雇用保険

いちばん得なのは64歳11ヵ月での退職

以前と同じ会社に再雇用となり、定年は65歳まで延長されても、その後は退職する人も多いでしょう。65歳からは年金の支給が始まるので、そこまでは頑張って働こうと考えるわけです。

しかし、再雇用されたあとの退職の時期には要注意。65歳に定年を迎えるのであれば、64歳11ヵ月で退職したほうがお得になります。65歳を区切りとして、雇用保険の扱いが変わってくるからです。

65歳以降に退職（あるいは失業）をしても、失業等給付は受けられます。これを「高年齢求職者給付金」といいます。

高年齢求職者給付金は失業認定を1回受ければ一時金として支払われ、何度もハローワークへ足を運ぶ手間がありません。離職日以前の1年間に通算で6ヵ月以上の被保険者期間があれば受給資格が認められますから、基本手当より要件も緩和されています。

とはいえ、65歳前に退職した場合より、金額は大幅に低くなってしまうのです。

■基本手当と年金の調整

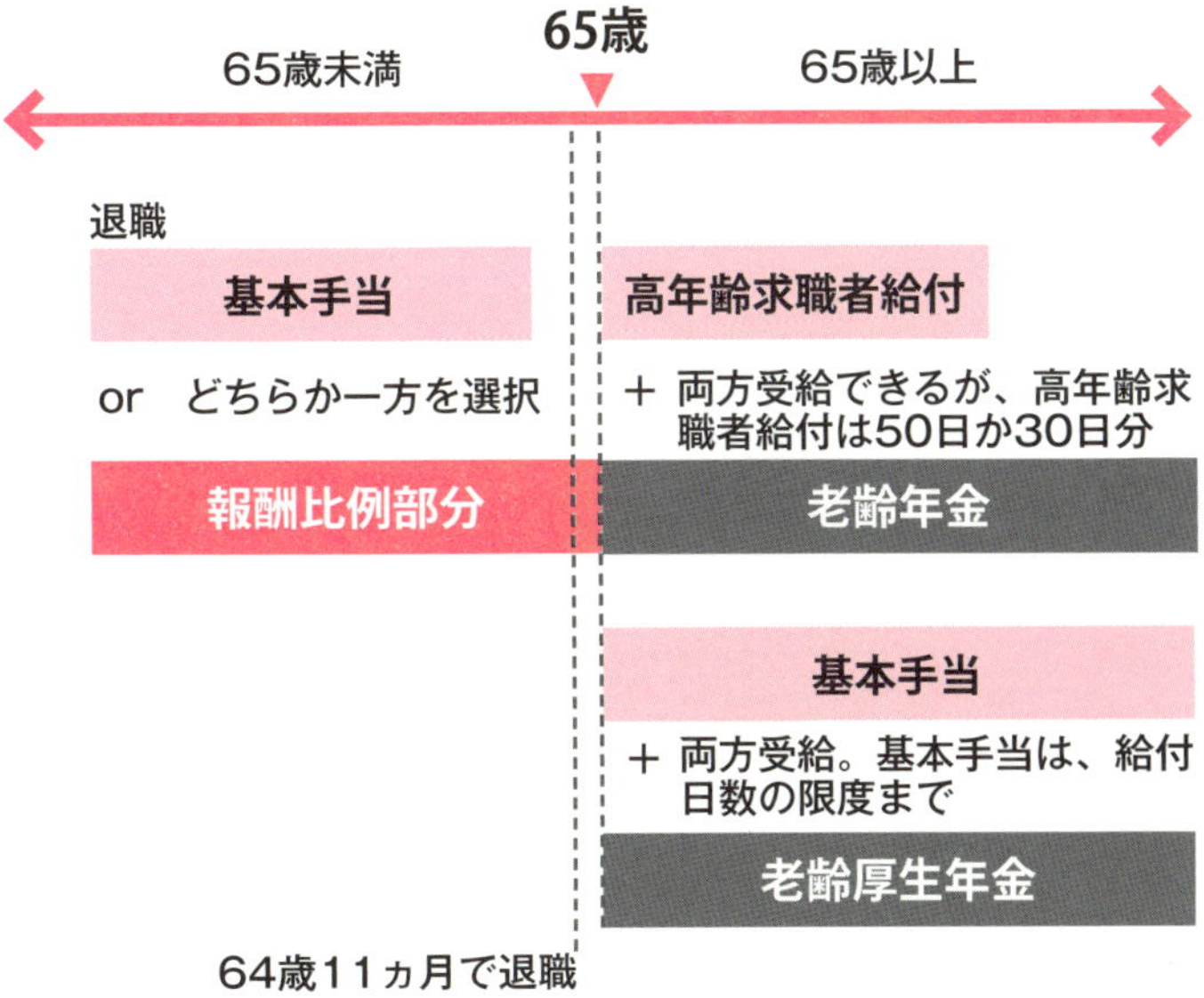
65歳
65歳未満
65歳以上
退職
基本手当
or どちらか一方を選択
報酬比例部分
高年齢求職者給付
＋ 両方受給できるが、高年齢求職者給付は50日か30日分
老齢年金
基本手当
＋ 両方受給。基本手当は、給付日数の限度まで
老齢厚生年金
64歳11ヵ月で退職

たとえば、20年以上雇用保険の被保険者であった人は、基本手当であれば150日分受け取ることができます。一方、高年齢求職者給付金だと、基本手当日額に乗じる金額の50日分しかもらえません。被保険者であった期間が1年未満なら30日分です。

この差は大きいと思いませんか。**64歳のうちに退職すれば、基本手当を所定の日数まで目一杯もらえる**ことになります。

もっとも、定年前に退職するため自己都合での離職となり、3ヵ月の給付制限がかかります。64歳11ヵ月での退職なら、実際に給付が始まるのは65歳になってからです。

ここがポイント。60代前半は雇用保険と年金の併給はできませんが、じつは65歳以上は併給が認められています。ぎりぎりまで給料を得たあとは、年金を受け取りつつ、基本手当も満額もらえるわけです。65歳で退職しようと考えている人は、検討の余地があると思います（65歳の誕生日にボーナスが支給される場合は要注意）。

なお、**雇用保険では誕生日の1日前に満年齢に達したと見なします**。4月1日生まれの人が3月31日に退職したとすると、すでに65歳になったと判断されてしまいます。

働く日数が増えるほど手にする給料も多くなりますが、この点には気をつけて退職する時期を決めてください。

年金

70歳までは厚生年金に強制加入

国民年金の加入は原則的に60歳になるまでです。あとはその時点での加入期間によって任意で加入します。

ところが、**厚生年金は会社に勤務している限り、70歳までは強制的に加入する**ことになります。つまり、給料から保険料が天引きされるわけです。再就職をしたら、年金手帳と年金証書を会社に提出してください。

パートやアルバイトであっても、1週間の就業時間が一般社員の4分の3以上なら厚生年金に加入します。これ以下でも、次の条件に当てはまる人は被保険者となります。

・1週間の就業時間が20時間以上
・雇用期間が1年以上見込める
・月々の賃金が8万8000円以上
・学生でない
・常に社員が501人以上いる会社に勤めている（労使合意や地方公共団体で加入する場

合もある）

雇用保険の保険料は、年齢に関わらず賃金の0・3％です（64歳以上は平成31年まで免除）。毎月の給料が20万円なら、600円。それほど大きな負担ではないでしょう。

「60歳を過ぎても、まだ保険料を払うとは…」とうんざりするかもしれませんが、厚生年金をかけながら働くことにはメリットもあります。

厚生年金の被保険者は、健康保険や雇用保険で用意しているさまざまな制度を利用できるのです。たとえば、4日以上働けない日が続けば傷病手当金が支給されます。あるいは、介護で休職する際には賃金の67％に当たる介護休業給付金が、最大で93日分も出ます。労災や職業訓練なども、引き続き受けられます。

それに、**60歳以降の厚生年金への加入期間は、もちろんプラスされます**。この部分が反映されるのは退職したあとになりますが、年金額が変わってくるとなれば励みにもなるでしょう。厚生年金への加入は70歳までが原則となっています。ただし、70歳になっても老齢厚生年金の受給資格が得られないときは、受給の条件を満たすまで任意で加入することができます。

加入を希望する場合は、70歳になってから年金事務所で改めて手続きを行います。

年金

覚えておきたい在職老齢年金のしくみ

いまや日本人の平均寿命は80歳を超えています。60歳で定年を迎えても、「もうひと踏ん張り」と働く人が多くなりました。

ただ、60歳以降に年金をもらいながら働く場合には、気をつけたい点があります。

老齢基礎年金は一律に65歳からのスタートになりますが、人によっては65歳前から特別支給の老齢厚生年金が支給されます。ところが、厚生年金に加入しながら働いていると、受け取れるはずだった年金額より減らされることがあるのです。このように在職中に受ける年金を**「在職老齢年金」**といいます。

年齢に応じて条件が変わってきますので、ここでは60歳以上65歳未満の人について見ていきましょう。

在職老齢年金には、**基本月額**（老齢厚生年金を12で割ったもの）と、**総報酬月額相当額**（現在の標準報酬月額＋直近1年の標準賞与額を12で割ったもの）が関わってきます。ちょっと難しい言葉が出てきましたが、「ひと月当たりの年金額」と「直近1年のボーナス込みの一月当たりの給料」と考えれば、おおまかな計算ができるはずです。

減額があるかどうかは次のようになります。

年金と給料を合計して28万円以下なら、年金は全額支給されます。合計が28万円を超えたときは、年金額に応じた計算が行われて減額されます。

給料だけで46万円（平成31年度47万円）を超えている場合は、さらに給料が増加した分だけ年金が支給停止になります。

たとえば、給料が25万円、年金が10万円のケースで計算すると、3万5000円がカットされます。減額分はあとから戻ってくることはなく、カットされたままです。なんだか損をした気分になってしまうかもしれません。

もっとも、在職老齢年金のしくみが適用されるのは、厚生年金に加入した場合の話です。加入しない働き方であれば、年金の減額はありません。

とはいえ、60歳以後も厚生年金へと払い続けた保険料は、退職したあとの年金額に反映されますから、一概に損得は判断できないでしょう。

ちなみに、**高年齢雇用継続給付を受けると、さらに年金が減る**ことも覚えておいてください。在職老齢年金に加え、最高で60歳以降の標準報酬月額の6％が減額されます。

■60 ～ 65歳未満の在職老齢年金の計算方法

Ⓐ 基本月額
加給年金を除いた特別支給の老齢厚生年金の月額

Ⓑ 総報酬月額相当額
（現在の標準報酬月額）＋
（直近1年間の標準賞与額の合計）÷12

ⒶとⒷの合計が28万円以下 → 全額支給

総報酬月額相当額の合計が46万円以下
- 基本月額が28万円以下 → ①
- 基本月額が28万円超 → ②

総報酬月額相当額の合計が46万円超
- 基本月額が28万円以下 → ③
- 基本月額が28万円超 → ④

計算方法

① 基本月額－（総報酬月額相当額＋基本月額－28万円）×1/2

② 基本月額－総報酬月額相当額×1/2

③ 基本月額－{(46*万円＋基本月額－28万円)×1/2＋(総報酬月額相当額－46*万円)}

④ 基本月額－{(46*万円×1/2×＋(総報酬月額相当額－46*万円)}

＊平成31年度は47万円に変更

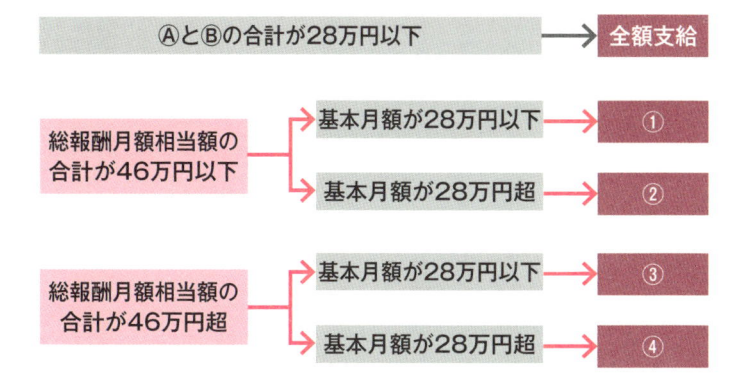

年金

年金の繰上げ受給と繰下げ受給

一部には特別支給の老齢厚生年金を受けられる人もいますが、原則として年金の支給が開始されるのは65歳です。しかし、受け取りは必ずしも65歳からとは限りません。本人の希望によって、スタートを繰上げたり繰下げたりすることができます。といっても、条件は異なってきますので、それぞれの特徴を見ていきましょう。

まずは**繰下げ受給**です。

これは受給の開始を先延ばしする方法で、**1ヵ月遅らせるごとに年金が0・7%増加**します。**最大で70歳まで繰下げることができ、ここまでいくと増額率は42%**になります。**決定した増額率は一生続きます**。ただし早死にをすると損をします。

老齢基礎年金、老齢厚生年金ともに繰下げが可能です。どちらか一方でも、両方でもよく、申し出は別々でもかまいません。

手続きは所定の請求書を年金事務所へ提出します。ですが、**申請は65歳ではできないので、1年待ってください**。受給が可能になった日から1年を経過した日(66歳に達した日)

より、申し出ができます。

ただし、特別支給の老齢厚生年金は繰下げの制度がありません。手続きが遅れれば支給のスタートが遅くなるだけで、増額にはならないのです。

なお、65歳〜66歳を過ぎるまでの間に障害年金や遺族年金を受給する権利が発生した人は、繰下げ受給の申請はできません。

次に**繰上げ受給**です。

こちらは受給の開始を前倒しする方法で、60歳から65歳になるまでの間に年金を受け取れます。もっとも、早く年金がもらえてうれしいと手放しで喜んではいられません。**年金額は1ヵ月繰下げるごとに0・5%切り下げられる**のです。

丸々5年早めて60歳から受給した場合は、30%の減額になります。

65歳から受給した人と比べると、だいたい77歳くらいで累計額がトントンになる計算です。それ以降は少ない年金額になってしまいます。

繰上げ受給も所定の請求書を年金事務所へ提出します。ただ、国民年金に任意で加入中の人は申請ができません。

特別支給の老齢厚生年金については、生年月日に応じて61歳〜64歳まで繰上げが可能です。

繰上げ受給については、いくつか注意点があります。

繰下げ受給の増額率と同様、減額率は生涯にわたって続きます。いったん申請してしまえば、途中で取り消しはききません。

また、65歳前に遺族年金を受給する事態になったとき、繰上げた老齢基礎年金と遺族年金のどちらか一方を選択することになります。金額を比較して遺族年金を選ぶケースが多いのですが、65歳になるまで老齢基礎年金はストップします。65歳になれば受給が再開するものの、減額率は引き継がれます。

さらに、重度の病気やケガになった場合、65歳前でも障害年金が支給されることがあります。しかし、繰上げ受給をした人は、障害年金が受けられなくなります。

長寿の時代であることを考えると、繰上げ受給にはデメリットが多いように思えます。とはいえ、何歳まで生きられるかはわかりません。繰下げ受給を選んで早死にしてしまったら、それこそ取りっぱぐれる可能性もあるのです。

両方のメリット・デメリットを理解し、加えて年金事務所で年金額の試算をしてもらってから、慎重に選びましょう。くれぐれも**目先の損得にとらわれないように。**

■繰上げ請求と減額率

請求時の年齢	減額率
60歳 0ヵ月～60歳11ヵ月	30.0～24.5%
61歳 0ヵ月～61歳11ヵ月	24.0～18.5%
62歳 0ヵ月～62歳11ヵ月	18.0～12.5%
63歳 0ヵ月～63歳11ヵ月	12.0～6.5%
64歳 0ヵ月～64歳11ヵ月	6.0～0.5%

■繰下げ請求と増額率

請求時の年齢	増額率
66歳 0ヵ月～66歳11ヵ月	8.4%～16.1%
67歳 0ヵ月～67歳11ヵ月	16.8%～24.5%
68歳 0ヵ月～68歳11ヵ月	25.2%～32.9%
69歳 0ヵ月～69歳11ヵ月	33.6%～41.3%
70歳 0ヵ月～	42.0%

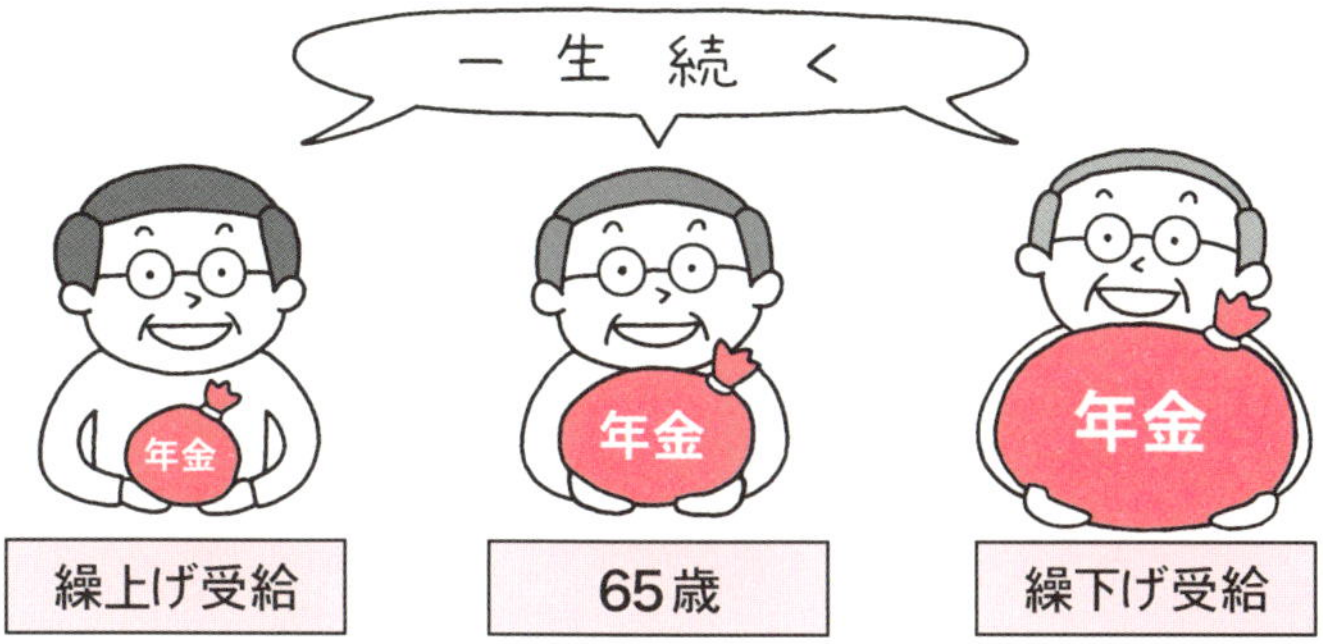

年金

厚生年金は20年以上加入するとお得？

厚生年金保険の加入期間が20年以上ある人には、お得な年金が存在します。65歳に到達した時点で扶養している配偶者や子どもがいれば、通常の年金に加給年金がプラスされます。いわば、**年金版の家族手当**です。

配偶者は65歳未満が対象で、年間に22万4300円が支給されます（平成30年度）。老齢基礎年金を受け取れる65歳になるまで、これが続きます。

なお、配偶者の生年月日に応じて、3万3100円〜16万5500円が特別加算されます。

子どもに対する支給は、18歳に達した年度末まで（1級・2級の障害状態の子どもは20歳未満）となっています。高校を卒業する年齢までと考えればいいでしょう。

2人目までは1人につき22万4300円、3人目以降は7万4800円ずつ加算があります。

本来の年金にこれだけのプラスがあるかないかは、大きな違いではないでしょうか。あと1～2年で加入期間の条件を満たせるという人は、20年に達してから退職する手もあります。

加給年金を受けるには届け出が必要です。**「戸籍謄本」「世帯全員の住民票の写し」「所得証明書か非課税証明書」**を用意して、年金事務所へ提出してください。

ただし、加給年金は年金の定額部分が支給されている人のみを対象とします。繰下げ受給をした場合には申し込みできません。

さて、配偶者が65歳になると、それまで夫や妻に支払われていた加給年金は打ち切られます。かわって登場するのが**振替加算**です。配偶者本人の老齢基礎年金に一定の額が上乗せされます。

とはいえ、**加給年金から振替加算へ自動的に移行はしませんので、申請をしてください。**その際、裁定請求書に「配偶者の年金証書の基礎年金番号、年金コード、配偶者の氏名と生年月日」を必ず記入します。

年金に上乗せがあるとはたいへんうれしい話ですが、残念なことに振替加算はすべての人が受け取れるわけではありません。**対象となるのは、昭和41年4月1日までに生まれた人**です。

生年月日がリミットに近づくにつれ受給金額は低くなり、昭和41年4月2日以降に生まれた人はゼロになります。配偶者の年齢が若いほど、振替加算の恩恵は小さくなってしまうわけです。

最後に、**加給年金がもらえないケース**について説明しておきましょう。

加給年金は配偶者が年下であることを想定したものです。そのため、自分よりも先に老齢基礎年金を受給できる年上の配偶者は対象外となります。

現在は夫婦で共働きという家庭も少なくありません。けれど、お互いに厚生年金に20年以上加入していると、原則として加給年金はもらえません。厚生年金に加入していた人が生計を維持していたことが大前提なのです。

それから、配偶者に関しては厚生年金の加入期間が20年未満でも、対象外となるケースがあります。共済組合等に加入していた期間を除いて、40歳以降(女性の場合は35歳以降)に15年以上厚生年金に加入していたときは、やはり加給年金は支給されません。

こうした制限はあるものの、**配偶者が専業主婦（専業主夫）だった場合には、かなりメリットのあるしくみ**だといえるでしょう。

■加給年金（平成 30 年度）

対象者	加給年金額	年 齢 制 限
配偶者	224,300円	65歳未満であること
1人目・ 2人目の子	各224,300円	18歳到達年度の末日までの間の子 または1級・2級の障害の状態にある 20歳未満の子
3人目 以降の子	各74,800円	18歳到達年度の末日までの間の子 または1級・2級の障害の状態にある 20歳未満の子

■加給年金額の特別加算額

受給権者の生年月日	特別加算額	加給年金額の合計額
昭和9年4月2日～昭和15年4月1日	33,100円	257,400円
昭和15年4月2日～昭和16年4月1日	66,200円	290,500円
昭和16年4月2日～昭和17年4月1日	99,300円	323,600円
昭和17年4月2日～昭和18年4月1日	132,300円	356,600円
昭和18年4月2日以後	165,500円	389,800円

■振替加算

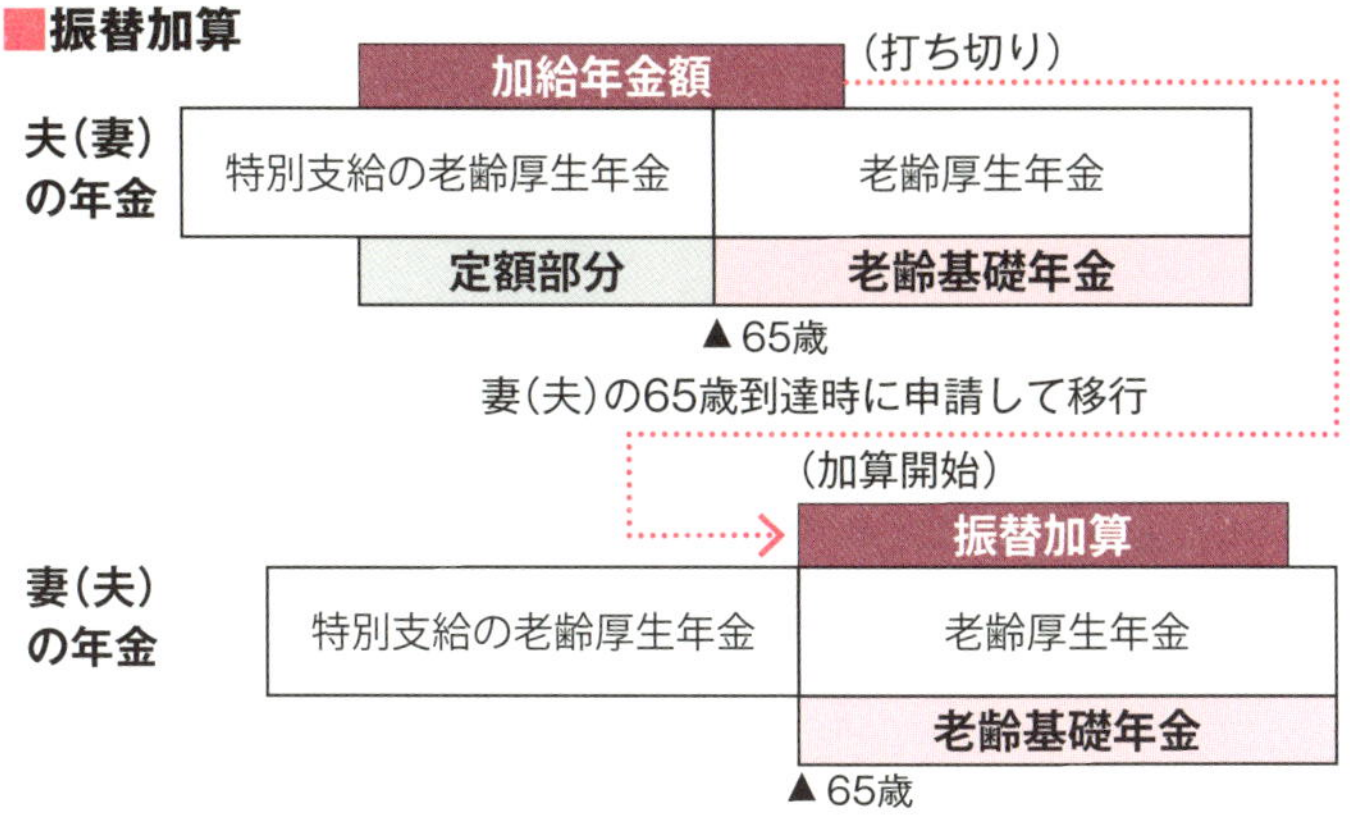

年金

配偶者が亡くなったら遺族年金が出る

年金に加入中、あるいは**受給資格のある人が死亡したときには、残された家族に遺族年金が支払われます**。

被保険者については、原則死亡した月の前々月までに3分の2以上の保険料を払い済みであることが条件です。会社を定年退職した人であれば、この条件は満たしているでしょう。

一方、受け取る側にも要件があります。

国民年金からは**遺族基礎年金**が出ますが、これは被保険者によって扶養されていた子どもがいた場合に限られます。子どもが18歳になった年度末まで、配偶者と子どもに支給されます。子どもの人数に応じて、支給額はプラスされるしくみです。

子どもがいない家庭やすでに高校を卒業した年齢になっているときは、遺族基礎年金はありません。ただ、老齢基礎年金の第1号被保険者として保険料の納付期間が10年以上である夫が国民年金からなんの年金も受け取らずに死亡した場合は、60歳から65歳になるまで妻に**寡婦年金**が出ます。10年以上結婚していたことが条件で、夫が受け取ったであろう老齢基礎年金の4分の3の金額になります。

厚生年金に加入していたときには、さらに**遺族厚生年金**が上乗せされます。こちらは子どものあるなしに関わらず、受け取れます。

遺族厚生年金は配偶者と子どものほか、父母、孫、祖父母にも受け取る権利があります。このうち、最も優先順位が高いのは配偶者と子どもです。ただし、夫が受給する際には55歳以上に限定されます。支給金額は加入月数や給料によって異なるものの、一時期でも厚生年金に加入した経験があれば、その分は遺族厚生年金の対象になります。

子どもはやはり18歳に到達した年度末で打ち切りですが、妻は40歳から65歳になるまで、一定額の上乗せがあります。これを中高齢寡婦加算といいます。とはいえ、30歳未満の妻は5年で支給がストップするので、注意してください。

ちなみに、夫婦そろって老齢厚生年金の受給資格を持つシニア世代の場合、遺族厚生年金の受け取り方は3つのパターンがあります。

1　自分の老齢基礎年金＋自分の老齢厚生年金

2　自分の老齢基礎年金＋配偶者の遺族厚生年金

3　自分の老齢基礎年金＋自分の老齢厚生年金の1／2＋配偶者の遺族厚生年金の2／3

金額を比較して、いちばん有利な方法を選ぶことができます。
手続きに必要な書類は、遺族基礎年金も遺族厚生年金も同じです。

・年金請求書
・年金手帳
・戸籍謄本
・世帯全員の住民票の写し
・死亡者の住民票の除票（住民票の写しに記載があれば不要）
・請求者の収入を証明できる書類
・子どもの収入を証明できる書類（義務教育は不要。高校生は在学証明書や学生証）
・市区町村へ提出した死亡診断書のコピー
・受け取り先の金融機関の通帳
・印鑑

遺族基礎年金は住所地の市区町村役場で行いますが、死亡した人が第3号被保険者だったときには年金事務所へ行ってください。遺族厚生年金は年金事務所で申請をします。

遺族基礎年金のしくみ

子どもが２人のケース

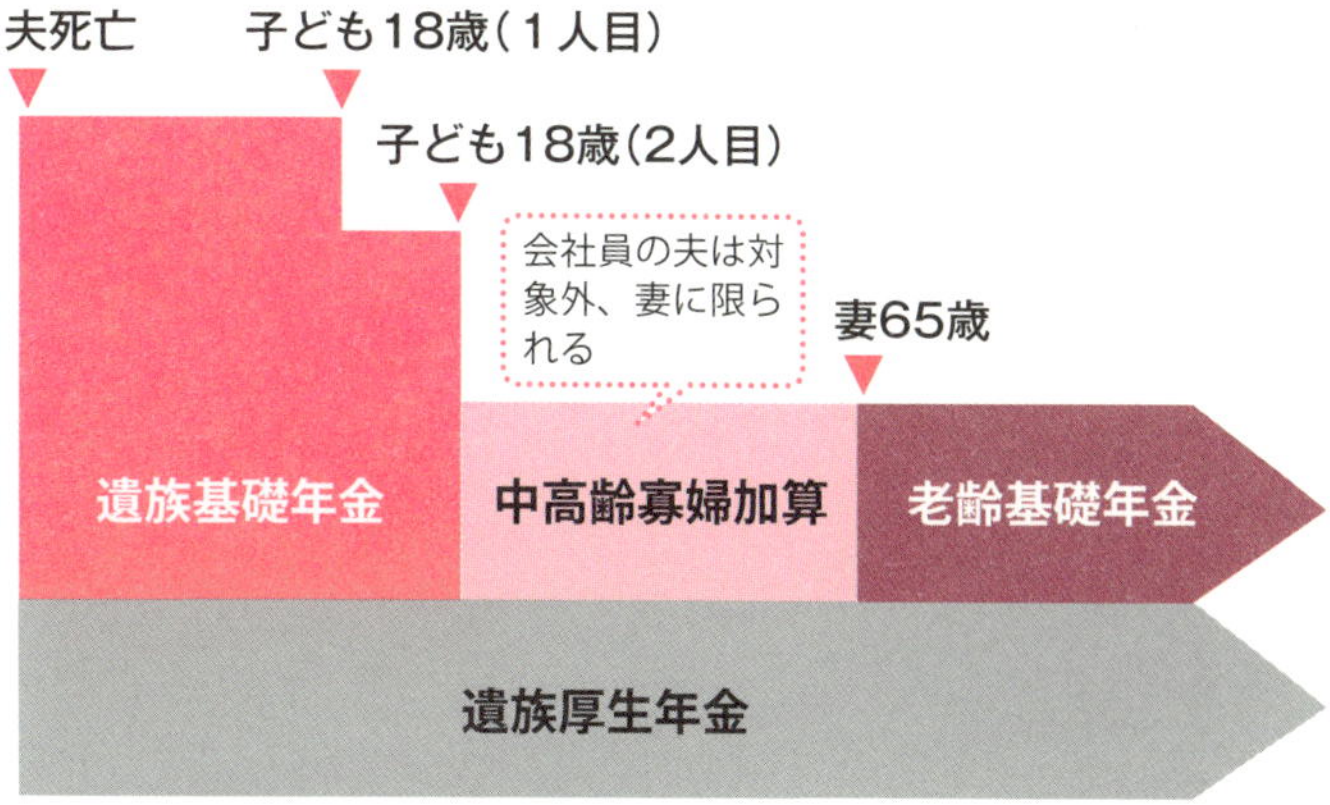

受けられる遺族年金の種類

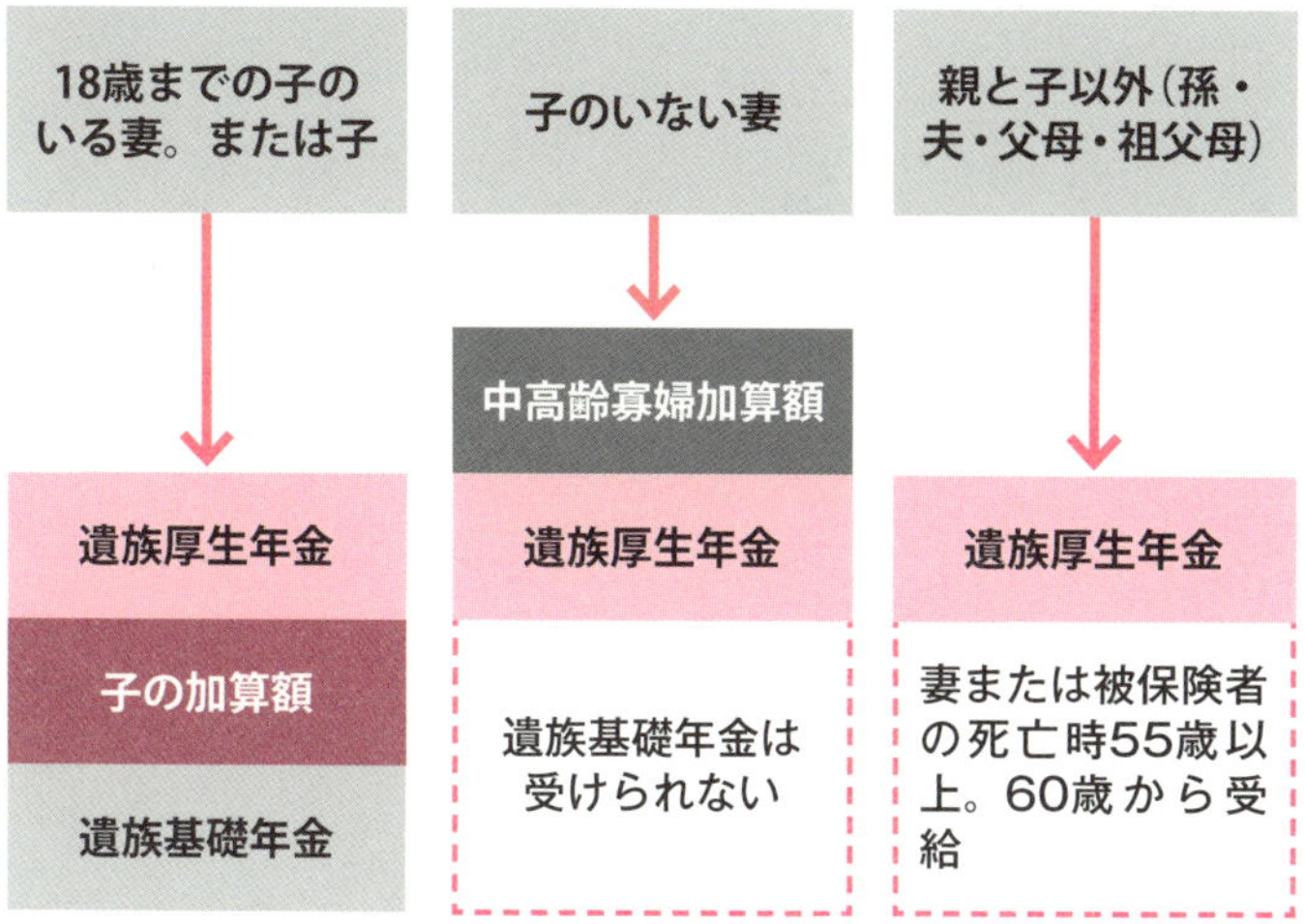

コラム3

離婚したときの厚生年金分割

　昨今は熟年離婚も珍しくなくなりました。離婚をする際には財産分与が問題になりがちです。

　では、年金はいったいどうなるのでしょうか。

　年金の分割は、**「合意分割」**と**「3号分割」**という2つの方法があります。

　合意分割は夫婦で話し合って割合を決めるもの。結婚していた間の夫婦それぞれの厚生年金記録を合計し、2分の1を上限として合意に基づいて分割する方法です。

　婚姻期間に妻が働いていなくても分割はできます。

　このやり方は必ず双方の合意が必要で、決着がつかない場合は片方が申し立てをすれば家庭裁判所が決定します。割合が決まったら、公正証書を添えて年金事務所へ提出します。

　一方、3号分割は合意を必要としません。

　会社員の夫に扶養されていた第3号被保険者である妻が請求を行えば、夫の合意がなくても厚生年金記録の半分が妻に渡されます。夫が納めた厚生年金保険料の半分は妻が負担したと見なすわけです。

　離婚後に夫が死亡したり、妻が再婚したりしても、受給の権利は続きます。

こう聞くと「離婚すれば、有無をいわせず妻は夫の年金の半分を手にできる」と思ってしまう人もいるのですが、それは間違い。

分割されるのは、あくまでも厚生年金の部分のみです。1階の老齢基礎年金や、3階の企業年金は分割の対象になりません。

しかも、分割は婚姻していた期間に限られます。

たとえ夫が10年厚生年金に加入していたとしても、婚姻期間が1年であったら分割できるのは1年分になります。

もちろん、独身時代は含まれません。ですから、結婚と同時に会社を辞め、自営業を始めたなどというケースでは、そもそも分割するものがなくなってしまいます。

なお、年金分割の情報は年金事務所で手に入れることができます。

離婚前であれば請求した本人だけに知らされ、離婚が成立したあとなら双方に知らせが届きます。

ちなみに、分割が決定したときでも、本人が年金の受給資格を満たしていない場合は分割された分も受け取ることができません。自分に資格があるかどうかは、先に確認しておきましょう。

厚生年金が分割できるようになったとはいえ、いずれにしろ熟年離婚は慎重に考えたほうがよさそうです。

年金

年金は請求しないともらえない

65歳から（人によってはそれ以前から）年金の受給が始まります。しかし、いくら資格を満たしていても、黙って待っていては支給されません。**自分で「年金請求」の手続きを行う必要があります。**

年金をもらうための流れを把握しておきましょう。

支給開始年齢に達する3ヵ月前に、「年金請求書」とリーフレットが本人宛に送られてきます。年金請求書には、基礎年金番号、氏名、生年月日、性別、住所、年金加入記録などが印字されています。

この年金請求書を年金事務所へ提出すれば完了ですから、手続き自体は簡単です。もっとも、送られてきた直後に請求はできず、受付は65歳を迎えてからになります。

手続きの際には年金請求書に加え、添付書類が必要になります。**「戸籍謄本、戸籍抄本、戸籍の記載事項証明書、住民票、住民票の記載事項証明書のいずれか」「受け取り先金融機関の通帳、またはそのコピー」「印鑑」**は必ず用意しましょう。

そのほか添付する書類はそれぞれの状況によって異なります。

ちなみに、会社勤めをしていて配偶者がいる人は次のようになります。戸籍謄本、世帯全員の住民票、配偶者の課税証明書（非課税証明書）、雇用保険被保険者証（コピーでもよい）、配偶者の年金手帳
添付書類は、年金請求書を提出する日から6ヵ月以内に交付されたものが有効ですので、日付には気をつけてください。

それから、65歳前から特別支給の老齢基礎年金を受けていた人は、65歳以降は老齢基礎年金と老齢厚生年金の支給に変わります。

とはいえ、自動的に切り替わるわけではなく、ハガキの**年金請求書**（国民年金・厚生年金老齢給付）を提出しなければなりません。

年金請求書は65歳になる月の始めに送られています。これを誕生月の末日までに提出します。遅れても受けつけてはもらえるのですが、一時的に年金の支給が保留されてしまうケースがあります。

なお、年金は年に6回、偶数月に前月までの2ヵ月分が支払われます。毎月ではないので、計画的に使いましょう。

税金　年金

年金にも税金がかかる

公的年金も収入の一部。所得税法では雑所得に分類され、税金がかかります。平成25年1月1日から平成49年12月31日までに発生する所得に関しては、所得税のほかに復興特別所得税も徴収されます。といっても、ご安心ください。通常の所得とは違い、**公的年金には大きな控除が適用**されます。

実際は、**年金収入から控除を引き、そこに5・105%を掛けたものが源泉徴収税額**となります。控除額は年金の受給額によって変わってきますが、かなり優遇されているといえるでしょう。しかも、65歳以上になれば、さらに控除の幅がアップして税金の負担が軽くなる人もいます。ちなみに、65歳未満は年金等の収入の合計が70万円まで、65歳以上なら120万円までは所得税がかかりません（2020年より、原則10万円引き下げ）。

逆に、65歳未満で108万円以上、65歳以上で158万円以上を受け取っていると、年金から源泉徴収されます。なお、課税の対象となるのは老齢基礎年金と老齢厚生年金です。障害年金や遺族年金は対象外となっています。

■税金がかかる場合

公的年金等に係る雑所得の金額＝①×②－③

公的年金等に係る雑所得の金額			
	①公的年金等の収入金額の合計額	②割合	③控除額
65歳未満	公的年金等の収入金額の合計額が700,000円までは所得金額はゼロとなる		
	700,001円から1,299,999円まで	100%	700,000円
	1,300,000円から4,099,999円まで	75%	375,000円
	4,100,000円から7,699,999円まで	85%	785,000円
	7,700,000円以上	95%	1,555,000円
65歳以上	公的年金等の収入金額の合計額が1,200,000円までは所得金額はゼロとなる		
	1,200,001円から3,299,999円まで	100%	1,200,000円
	3,300,000円から4,099,999円まで	75%	375,000円
	4,100,000円から7,699,999円まで	85%	785,000円
	7,700,000円以上	95%	1,555,000円

＊2020年より、控除額は原則10万円引き下げ

個人年金保険の税金はどうなる

老後資金を上乗せすべく、民間の個人年金保険に加入してコツコツと積み立ててきた人もいるでしょう。これも受け取る段階になると雑所得に区分され、税金がかかってきます。**年金と名づけられていても私的年金なので、公的年金とは計算方法が異なります**。

受け取った年金額から、その金額に見合った払込保険料を引いた分が所得となります。払い込んだ保険料は、必要経費と見なされるわけです。ここに10・21％を掛けた金額が源泉徴収されます。

ただし、必要経費を差し引いた金額が25万円に満たないときは、源泉徴収は行われません。

ところで、この年代になると、貯蓄タイプの生命保険が満期を迎えるケースもあります。個人年金保険は年金方式で分割して保険金をもらいますが、満期保険金は一括で受け取るパターンが多いのではないでしょうか。

一括してもらう満期保険金は一時所得となり、またしても税金の計算方法が変わってき

ます。

まず、受け取った保険金から払込保険料を引きます。そこから、さらに一時所得特別控除の50万円を引き、残った金額の2分の1が課税対象です。

もし、諸々を差し引いた一時所得が20万円を超えている場合は、確定申告をします。

満期保険金を年金形式で受け取るのであれば雑所得となり、計算は個人年金保険と同じになります。

民間の保険会社から受け取る年金・保険金については、ひとつ注意したい点があります。これまで説明してきたのは、保険料を負担している人と保険金の受取人が同一だったパターンです。両者が同一であれば、かかってくる税金は所得税となります。

しかし、保険料を負担している人と保険金の受取人が異なっていたら、話は違ってきます。たとえば、保険料は夫が負担し、保険金の受け取りは妻になっているといったケースです。

このように両者が別人であると、税金の種類は**贈与税**になります。年金形式で受け取ったときには、ここに雑所得としての所得税もプラスされます。贈与税は税率も変わってくるので気をつけてください。

税金

確定申告が必要な人は？

まず、公的年金収入が400万円以下で、なおかつそれ以外の所得が20万円以下の人は確定申告は必要ありません。また、会社勤めをしている人は会社が年末調整を行ってくれますから、基本的に確定申告は不要です。

とはいえ、年の途中で退職し、その後に再就職しなかったら年末調整が受けられません。こういうときは**確定申告をすると、払いすぎた税金が戻ってくる可能性**があります。

確定申告書は所轄の税務署に提出します。添付書類としては、生命保険料控除や地震保険の証明書など年末調整の際に会社に提出していた書類のほか、退職した年の1月1日から退職日までの源泉徴収票が必要になります。公的年金を受けているのであれば、公的年金の源泉徴収票もあわせて用意します。

また、退職所得の受給に関する申告書を提出しなかった場合は控除を受けられていないので、忘れずに確定申告しましょう。

それから、公的年金にはそもそも年末調整がありません。人によっては戻ってくる可能性がありますので、確認してください。

会社員にとって確定申告書は無縁に思えますが、じつはそうでもありません。調整されるのは所得だけに限った話ではないのです。

たとえば、一世帯で1年間に通常10万円以上の医療費を払ったときには、**医療費控除**があります。住宅ローンを組んでマイホームを買ったり増改築したりすれば、**住宅ローン控除**を受けられます。

昨今は大規模な自然災害が多発しており、家が崩れたり水浸しになる被害も増えています。こんなふうに災害（または盗難）で住宅や家財に損害が出た場合には、**雑損控除**というしくみもあるのです。

ちなみに、近ごろ流行りのふるさと納税も、上限を設けられてはいますが控除があります。ただし現在では、確定申告書が不要の人が5団体以内に納税したのであれば、確定申告は必要なくなりました。

会社員であっても、確定申告をすることで税金が還付されるケースはけっこう多いといえます。どんなときに控除されるのか確認しておくといいでしょう。

もちろん、納め足りない分は徴収されることもお忘れなく。

Step 4

まとめ

- 早期に再就職すれば基本手当はストップ。かわりに再就職手当をもらえる。
- 給料が大幅にダウンしたときには高年齢雇用継続給付がある。
- 特別支給の老齢厚生年金がある人は受給の手続きをする。
- 基本手当と特別支給の老齢厚生年金は同時にはもらえない。どちらかを選択。
- 働きながらもらう年金・在職老齢年金のしくみを知る。
- 年金の繰上げ受給と繰下げ受給を検討する。繰上げ受給を希望するときは申請を行う。
- 厚生年金は70歳まで強制加入。
- さまざまな条件を比較して、退職する時期を考える。

Step 5

65歳以降も働く場合

年金

在職老齢年金との兼ね合い

65歳になれば、待ちに待った年金がスタートします。いままで報酬比例部分だけだった人も、ここからは満額の支給になるわけです。

しかし、65歳以降も厚生年金に加入して働くときには、まだ在職老齢年金が関わってきます。

65歳以上70歳未満で厚生年金の被保険者である場合は、老齢厚生年金の一部、あるいは全額が停止になる可能性があります。

その条件は次のようになっています。

ひと月当たりに換算して、年金と給料の合計が46万円*以下であれば、年金は全額支給されます。

一方、合計が46万円*を超えていたら、「給料＋年金－46万円*」の2分の1が支給停止になります。

さらに、70歳以降も厚生年金適用事務所で勤務していたらどうなるでしょう。

*平成31年度47万円

任意加入をしない限り、70歳以上は厚生年金の被保険者とはならないので、保険料はかかりません。

とはいえ、在職中は65歳以上と同様の計算で、年金の支給停止が行われます。

厚生年金に加入する働き方で勤務し続ける場合、給料の金額によっては何歳になっても、もらえる年金が減ってしまうケースがあります。

とくに、役員などで高額な役員報酬を得ていると、ずっと年金をもらえないということもあり得るのです。

ただし、在職老齢年金の対象になるのは、あくまでも老齢厚生年金。2階建ての2階部分です。

したがって、国民年金から支給される老齢基礎年金が減らされることはありません。働き方に関わらず、65歳からは満額で受給できます。

老齢厚生年金が減らされるということは、それだけ高い報酬を得られている証拠だともいえます。けれど、ちょっぴり残念な気がするのも事実です。

いくつまで、どういう働き方をするかは、在職老齢年金との兼ね合いも見て考えていきましょう。

雇用保険

雇用保険が継続されるメリット

公的年金がスタートする65歳を機にリタイアする人もいれば、もっと働くという人もいるでしょう。雇用保険に加入した働き方であれば、70歳になるまでは保険料を払わなければなりません。

しかし、保険料の負担があるとはいえ、雇用保険に加入しているからこそ使える、お得な制度もあります。

本人が65歳なら、両親は90歳代というケースも多いと思います。90歳でも元気な人はたくさんいますが、何らかの介護を必要とするケースも出てきます。こんなとき、雇用保険が役に立つのです。

家族が病気やケガで2週間以上、常時介護が必要な状態になったときには介護休業が認められ、**介護休業給付**が受けられます。**この制度は両親に限った話ではなく、配偶者、父母、子ども、配偶者の父母に加え、被保険者が扶養している祖父母、兄弟姉妹、孫が対象**です。

支給額は賃金の67％。1回の介護休業は最大で93日までとなっており、休んだ日数分が支払われます。課税の対象になっていないため、全額を受け取れます。

2週間以上と条件がついていますが、これはあくまでも介護される当事者の状態であって、休業期間を示すものではありません。たとえば、早期に入院したり、ほかの介護者と交代したりするのであれば、2週間未満でも休業は取れます。

また、93日の休業は分割して取ることもできます。ひとりの対象者につき3回まで可能ですから、2ヵ月と1ヵ月、あるいは1ヵ月を3回といった休み方でも大丈夫です。ただし、93日分の介護休業給付を受けたあと、同じ対象者に介護が必要となった場合は、追加で受給はできません。

介護休業給付を受けられるのは、一定の要件を満たした人に限られます。休業日前までに雇用保険の被保険者であった期間が12ヵ月以上あり、さらには休業したあとに復職することが決まっている人です。残念ながら、そのまま退職という人は利用できないしくみになっています。

基本的に手続きは事業主が行いますので、勤務先に申し出てください。とはいえ、本人が希望すれば、自分で申請することも可能です。

健康保険

75歳からは後期高齢者医療制度

65歳以降は医療制度にも変化があります。

まず、65歳から74歳までを前期高齢者と呼びます。といっても、60代はこれまでと何も変わらず、医療費の自己負担も3割です。

実際に変化が現れるのは70歳です。**70歳になると、それぞれが加入している健康保険から「高齢受給者証」が交付**されます。

この高齢受給者証を持っている人は、**自己負担が2割**になります。ただし、現役並みの所得がある場合は、自己負担は3割のままです。高齢受給者証は医療機関の窓口で、保険証と一緒に提示してください。

これが74歳まで続きます。

そして、75歳で大きな節目を迎えます。いままで入っていた健康保険を脱退し、**「後期高齢者医療制度」に加入**することになります。ここは自動的に移行しますので、手続きは必要ありません。

■高齢者の医療保険

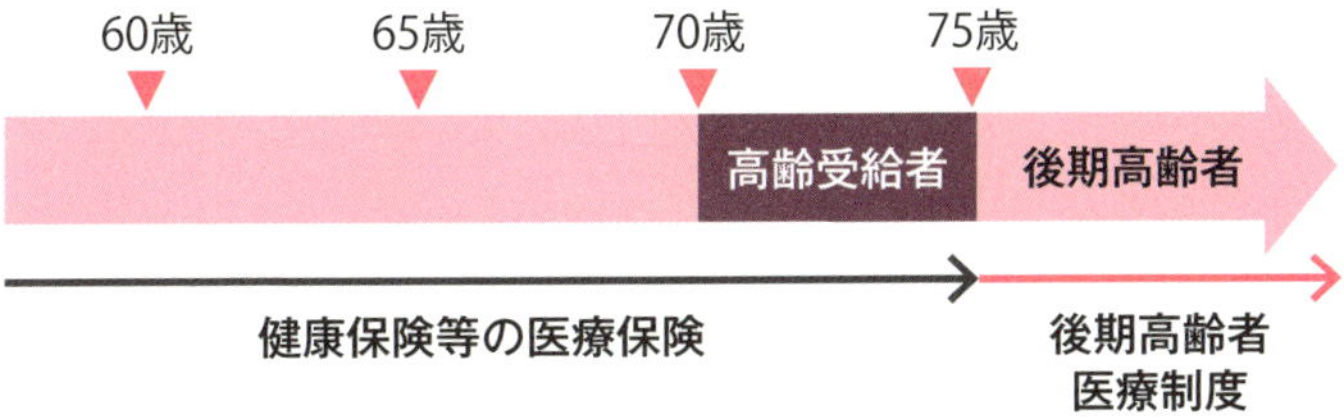

■現役並み所得者の定義

健康保険の場合	標準報酬月額28万円以上の70歳から74歳の被保険者
国民健康保険の場合	住民税課税所得が145万円以上の70歳から74歳の被保険者
後期高齢者医療制度の場合	住民税課税所得が145万円以上の被保険者

現役並みの所得者は、自己負担割合は「3割」となる

ただし、被保険者の収入額が、２人以上の世帯で520万円未満、単身で383万円未満の場合は、申請により「一般」の区分と同様の2割負担になる

国民健康保険や後期高齢者医療制度の加入者については、課税所得が145万円以上ある人が現役並み所得と見なされる

自己負担はさらに下がって1割へと変わりますが、こちらも現役並み所得者は3割です。後期高齢者の場合、課税所得が145万円以上ある人が現役並みと見なされます。医療機関の窓口では、高齢受給者証にかわって、後期高齢者医療被保険者証を提示しましょう。

後期高齢者医療制度は75歳以上の人すべてを対象としています。ほかに選択肢はありません。会社をリタイアした人も自営業者も、あるいはまだ現役で会社員をやっている人も一律に加入します。

自己負担が軽減されたとはいえ、後期高齢者医療制度にも保険料は発生します。保険料は都道府県によって異なりますが、原則として年金から天引きされます。

ところで、家族の扶養に入っていたときはどうなるのでしょう。後期高齢者医療制度に例外はなく、75歳になったら扶養から外れます。

したがって、退職後は保険料を払わずにすんでいた人も、これ以後は自分の年金から保険料を払うことになります。

なお、後期高齢者医療制度へと移行しても受けられる給付等の内容はほぼ同じで、高額療養費制度も使えます。

保険

定年後に必要な保険選びのコツ

定年後は生命保険も厳選していかなくてはなりません。

ポイントは、定年後のリスクと公的社会保障を考えることです。主なリスクとしては次のようなものがあげられます。

・子どもの教育費
・病気のリスク
・がんのリスク
・介護のリスク
・長生きのリスク
・相続のリスク

これらの悩みをすべて保険で解決しようとしたら、いくらお金があっても足りません。保険料に圧迫され、老後の生活が苦しくなってしまいます。

生命保険とは、大きな損失を伴う不測の事態を、経済的にフォローするものです。そのリスクには生命保険で備えるべきか、それとも貯蓄で対応できるのかと分けていけば、自ずと必要な保障がわかってきます。

では、それぞれのリスクについて見ていきましょう。

・子どもの教育費

子どもの教育費は、すなわち親の死亡に対する備えを意味します。子どもが独立する年齢になったら、高額な死亡保障は必要なくなります。解約する、もしくは必要な分だけ残して保障を減額するといった方法が考えられます。

・病気のリスク

病気になる確率は年齢が上がるほど高くなります。そして、医療保険の保険料も年齢を重ねるごとに高くなります。それでも、高まるリスクに備えて医療保険には加入したいと思うかもしれませんが、その前に公的な医療制度を思い出してください。

日本の健康保険制度は非常に手厚いしくみになっています。医療費の自己負担は3割で、一般的な所得者は70歳以降は2割、75歳以降は1割と減っていきます。高額療養費制度を使えば、一般に月に9万円以上はかかりません。

貯蓄でもカバーできると思いますので、医療保険の必要性はそれほど感じません。保険料に充てる分を貯蓄に回してはいかがでしょうか。もし、終身医療保険を終身払いにしている場合は、いつまで加入を続けるのかも考えてください。

・がんのリスク

60歳以降、がんの罹患率は急激に上がります。がんというと高額な医療費を思い浮かべますが、それは先進医療や自由診療を受けた場合。保険診療なら高額療養費制度を利用できるので、月に9万円以上にはなりません。

ただ、生活費の負担や精神的な不安は大きいため、ある程度は保険で備えておいてもいいでしょう。診断一時金が手厚いがん保険を選ぶと、そのお金を治療費や生活費に充てられるので便利です。

・介護のリスク

介護は大きな問題です。平均寿命は延びても健康寿命は追いついておらず、両者には11年の開きがあります。もしかしたら、何らかの介護や支援が必要な状態になってしまうかもしれません。

公的介護保険では、要支援・要介護に認定されれば、自己負担は1割〜3割になります。

しかし、実際には介護保険でまかない切れない、さまざまな費用が発生します。保険会社からも介護保険が出ていますが、貯蓄で備えるのがいちばんだと思いますが、貯蓄が心許ない人は検討してもいいでしょう。ただ、支払い条件が緩いものは保険料が高く、安いものは条件が厳しい傾向にあります。

・長生きのリスク

個人年金保険があげられますが、マイナス金利の影響を受けて貯蓄の機能があまりなくなっています。貯蓄と保障は分けて考えましょう。確定拠出年金やＮＩＳＡを利用したほうが、効率的に貯められます。

・相続のリスク

相続税法の改正によって、相続税がかかる人が大幅に増えました。じつは、ここで終身保険が活用できます。保険には相続税の非課税枠があるため、相続税対策としては有効な方法です。

保険料の負担はばかになりません。保険は本当に必要な保障だけに絞り、浮いた保険料を老後資金に回しましょう。

介護

介護に備える

定年後といえば、そろそろ介護も視野に入ってくる時期です。あなたは公的介護保険について、どの程度知っていますか。ここで基本をおさらいしておきましょう。

40歳以上の人は、みな介護保険に加入しています。このうち**65歳以上を第1号被保険者、40歳から64歳までを第2号被保険者**と呼びます。国民年金とは違い、職業に関わらず年齢での区分になります。

保険料を支払っている自覚がないかもしれませんが、第2号被保険者は加入している健康保険の保険料と一緒に徴収されています。そして、第1号被保険者も基本的に年金から天引きされるのです。

第1号被保険者と第2号被保険者とでは、介護サービスを受けられる条件が異なります。65歳以上は原因がなんであれ、所定の介護状態になったらサービスを受けられます。しかし、40歳〜64歳は老化に伴う特定の疾病（16種類）だけが対象となっています。たとえ介護状態になったとしても、それ以外が原因であれば介護保険は適用されません。

介護サービスを受けるためには、認定の手続きが必要です。市区町村の窓口へ申請をし、その後聞き取りやかかりつけ医師の報告書などを元にして認定が下されます。

介護認定は各人の状態により、**要支援1〜2、要介護1〜5**と7段階に分かれています。要支援1は最も軽く、要介護5がいちばん重い症状です。

では、どんなサービスが用意されているのでしょうか。

- **介護サービスについての相談やケアプランの作成**
- **自宅での家事援助など**
- **日帰りのデイサービス**
- **施設への長期・短期の滞在**
- **訪問・通い・宿泊を組み合わせたサービス**
- **介護用具の利用に関わるサービス**

介護の段階によって受けられるサービスは異なりますが、これらにかかった費用のうち自己負担は1割（所得が多い人は2割）ですみます。

それぞれ1ヵ月の上限額も儲けられており、上限を上回る支払いがあった場合は超過分が自己負担になります。

在宅での介護と施設に入居したときとでは、上限額も変わってきます。ちなみに、1割負担の在宅サービスの上限は次のようになっています。

要支援1　5万30円　　　　　要支援2　10万4730円
要介護1　16万6920円　　要介護2　19万6160円
要介護3　26万9310円　　要介護4　30万8060円
要介護5　36万650円

このように公的な補助があるとはいえ、介護には思いのほかお金がかかります。

生命保険文化センターの調査（平成27年度）によれば、住宅リフォームや介護ベッドの購入など初期にかかる一時的な費用は平均で80万円です。毎月に必要な介護費用は平均で約8万円ですが、15万円以上というケースも多く見受けられます。

しかも、介護は短期間で終わるとは限らないのです。

介護する年数は平均すると、だいたい4～10年。精神的・肉体的な負担に加え、経済的な負担もけっして小さくはありません。

老後資金とは別に、介護用の貯金を確保しておきたいものです。

また、介護にはお金だけでなく、「手」も必要です。もしも親の介護が必要になったときに誰が世話をするのか、早いうちに家族と話し合っておくと安心できます。両親が共に要介護状態となり、同居をした例もありました。介護も見据えて、定年後の住まいを考えることも大事です。

さらに、自分や配偶者が要介護になる可能性も考慮に入れましょう。家族が夫婦だけ、もしくはおひとりさまなら、とくに早めの対策が欠かせません。在宅か施設かでもかかるお金が違ってきます。

もし施設を検討するのであれば、健康で働けるうちに見学や体験をしてみるのがおすすめです。一時金が必要なタイプや、一時金なしで毎月支払うタイプなどさまざまですが、介護度によっては入居できない施設もあります。

いざというときに備えて、エンディングノートに希望や思いを書いておくのもいいでしょう。

あるいは、認知症などで判断力が低下した場合に備えて、**成年後見制度**を利用する方法もあります。**任意後見制度**は事前に契約できるため、希望に添った施設選びや財産管理を委任することが可能です。

相続

親から財産を受け継ぐ

老後に備えた心構えとしては相続の問題もあげられます。もはや相続税は富裕層だけの話ではないからです。

相続した財産が基礎控除額を超えた場合、相続税がかかってきます。この基礎控除が引き下げられ、課税対象が一挙に広がりました。実家が都心部の一戸建てなら、相続税がかかると覚悟しておいたほうがいいでしょう。

基礎控除は、

3000万円+600万円×法定相続人の数

となります。

受け継いだ財産がこの範囲に収まれば非課税ですが、これを超えたときには申告をし、納税しなければなりません。申告は死亡した人の住所地を管轄する税務署で行います。

相続税は現金で、いちどきに支払うのが原則です。ただ、金額によっては支払いが困難なこともあります。そのため、相続税には**「延納」**と**「物納」**という特別なしくみが設けられてます。

延納は何年かに分けて納める方法です。といっても、単に分割するわけではなく、そこには一般に年利3・6～6%の利子がかかります。銀行からの借入金利がこれより低い場合は、借入をして先に納税してしまったほうが有利かもしれません。

また、納税額が10万円以上であること、延納期間3年超かつ100万円を超えるときは担保を提供することなど、いくつかの要件を満たす必要があります。

一方、物納は相続した財産そのものを納めます。不動産や有価証券といったところが代表的ですが、換金性が高いものという条件がつきます。したがって、利用価値が低く売れそうにもない土地などは、物納が難しいといえるでしょう。

ところで、相続した財産はすべて課税対象になるのかというと、そうではありません。たとえば、墓石、仏壇、仏具のように礼拝を目的としたものは、例外はありますが対象外です。あるいは、公共団体や公益事業を行う特定の法人に寄付をすれば、その分は相続財産から差し引かれます。

親から受け継ぐ財産が多いことは喜ばしい反面、悩ましくもあります。**基礎控除を超えそうなときには、早めに対策を立てましょう。**

相続

子どもに残す方法

遺産は親から受け取るだけではありません。まだまだ先の話ではありますが、いずれはあなたが子どもに財産を残す立場になります。

子どもを相続貧乏にしたくはありませんよね。でも、相続税ばかりは仕方がないとあきらめていませんか。

じつは、相続税の負担を軽減する手立てがあるのです。

たとえば、**生前贈与も有効な方法**です。

相続税と贈与税を比べると、通常は相続税のほうが税率が低く抑えられています。同じ金額を受け取るなら、贈与より相続がお得なのです。

しかし、贈与には**暦年課税**という制度が存在します。これは1年の間（1月1日から12月31日まで）に贈与された金額の合計から110万円を控除し、それを超えた分に課税するしくみです。

つまり、110万円以内であれば、贈与税はかからないのです。

2人の子どもにそれぞれ100万円ずつ、10年間贈与したとしましょう。すると、1人につき1000万円、合計で2000万円をそっくりそのまま子どもへ渡すことが可能になります。

無税で財産を移行し、なおかつ相続税の負担を軽減できるわけです。

ただし、**親（贈与者）が無断で口座を開設したり、印鑑や通帳を管理していると、贈与と見なされない場合があります。**さらに、双方の意思に基づいて贈与の事実があったことを証明するために、契約書を作成するのがおすすめ。

あるいは、**相続時精算課税**を選択することもできます。これは相続税の前払いと考えればいいでしょう。贈与時に贈与税を納めますが、複数年にわたって特別控除（最高限度額2500万円）が使えます。**税率は一律で20%**です。

親が死亡したとき、改めて相続財産を加えた再計算がなされます。不足があれば追加で相続税を納めるものの、払いすぎていれば還付があります。

ところで、住宅は人生でいちばん大きな買い物だといわれています。子どもが住宅を購入するとなったら、援助してやりたいと考えるかもしれませんね。

直系尊属から住宅取得等の資金を贈与されたときには、**贈与税の非課税措置**があります。

耐震住宅であるかないか、家屋取得の契約期間がいつか、消費税等の税率はいくらかといった諸条件によって限度額は変わってきます。それでも、けっして小さな金額ではありません。

住宅資金が助かり、相続税対策にもなる方法です。

さて、ここまで生前贈与という形を見てきましたが、ちょっと裏ワザ的な手も紹介しておきましょう。

財産分与として生命保険を利用するのです。

死亡保険金も相続財産ではありますが、法定相続人1人につき500万円までは非課税になっています。もしも妻と子ども2人に残したなら、1500万円までは相続税がかかりません。

このメリットを活かし、近ごろは終身保険を相続税対策に使う人も増えています。

また、不動産は分割がしづらいものです。そこで、1人の子どもには家と土地を、もう1人の子どもには保険金で現金を残すといった手段もとれます。

相続で問題が起きないよう、生前から準備しておくことが大切です。

相続

遺言を用意する

相続はときに家族の間に不和をもたらす原因にもなります。そんなトラブルを防ぐために、遺言を用意するのも一案です。

遺言書は、**自筆遺言**、**公正証書遺言**、**秘密証書遺言**の3種類があります。

自筆遺言は本人が自筆で記した遺言です。一方、公正証書遺言は専門家のサポートで作成し、原本は公証役場で保管します。秘密証書遺言は本人が作成した遺言を封印し、本人・証人・公証人が封筒に署名します。

自筆遺言は簡単に作成できますが、途中でなくす恐れがあり、そもそも内容に不備があると無効になってしまいます。この点は秘密証書遺言も同じです。

公正証書遺言は添付書類などもあって費用も手間もかかります。しかし、専門家が関わっているため内容は完壁になりますし、紛失の心配もありません。3つのうちでは、最も安心で確実な方法です。

判断能力が十分なうちに、公正証書で備えておくといいでしょう。

Step 5
まとめ

- 年金の受給がスタートする。
- 年金を受給するために申請を行う。
- 繰下げ受給を希望する場合は66歳を迎えてから手続き。
- 厚生年金に加入する働き方は在職老齢年金がかかる。
- 老齢年金の受給資格を得たいなら70歳まで任意加入できる。
- 70歳で高齢受給者証が交付され、自己負担が2割に。
- 75歳からは全員が後期高齢者医療制度に加入。自己負担は1割に軽減される。
- きたるべき介護や相続に備え始める。

● 著者略歴

長尾 義弘（ながお・よしひろ）

NEO企画代表。ファイナンシャル・プランナー、AFP。徳島県生まれ。大学卒業後、出版社に勤務。1997年にNEO企画を設立。出版プロデューサーとして数々のベストセラーを生み出す。新聞・雑誌・Webなどで「お金」をテーマに幅広く執筆。著書に『コワ〜い保険の話』（宝島社）、『お金に困らなくなる黄金の法則』『保険はこの5つから選びなさい』（河出書房新社）、『保険ぎらいは本当は正しい』（SBクリエイティブ）。監修には別冊宝島の年度版シリーズ『よい保険・悪い保険』など多数。

http://neo.my.coocan.jp/nagao/

中島 典子（なかじま・のりこ）

広尾麻布相続センター、中島典子税理士事務所代表。税理士、社会保険労務士、CFP。起業家の創業から税務会計・資産形成・相続事業承継までのトータルサポート業務、FP関連書等の執筆、講演、子どもからシニアまでの金融経済教育で活動。著書『会社が知っておきたい補助金・助成金の活用ガイド』（大蔵財務協会）、共著に『いまからはじめる相続対策』（日本実業出版社）、『FP技能士2級AFP　問題集&テキスト』（成美堂出版）など。

http://tax-money.jp

協力 ● 岩瀬晃子　イラスト ● 瀬川尚志　図版制作 ● 鶴田環恵

カバーデザイン ● 三枝未来　編集 ● 松原健一

金持ち定年、貧乏定年

2017年11月10日　初版第1刷発行
2019年4月5日　初版第3刷発行

著　者　長尾 義弘・中島 典子
発行者　小山 隆之
発行所　株式会社 実務教育出版
〒163-8671 東京都新宿区新宿 1-1-12
電話　03-3355-1812（編集）　03-3355-1951（販売）
印刷所　精興社
製本所　東京美術紙工

ISBN978-4-7889-1455-1 C2030